Las Enseñanzas del Camino Estrecho

Directamente de la Boca de Jesús

Ke Russo

Para cada persona que quiera seguir a Jesús sin compromiso. Que puedas escuchar a Jesús en este libro. Que la fe, no el miedo, sea la marca definitoria de tu caminar.

Agradecimientos

Hay muchos que han cubierto este esfuerzo con sus oraciones. Me han dado ánimo y críticas constructivas. Otros han dedicado su tiempo y energía, en medio de sus ocupadas vidas, para leer este libro de antemano. Mi familia ha sido comprensiva con las exigencias que han requerido mi tiempo en este esfuerzo en lugar de estar con ellos. Estoy agradecido por estas personas especiales. No estarías leyendo este libro sin ellos.

Estoy especialmente agradecido por Dios, que tocó mi corazón para profundizar en estas enseñanzas de Jesús. Él plantó la semilla hace décadas a través de un amado profesor. A lo largo de los años, Él regó esa semilla al llevarme a comprometerme con estas enseñanzas en mi corazón. Como el profeta Jeremías, estas enseñanzas se convirtieron en un fuego en mis huesos que tenía que salir de alguna manera. Ahora sostienes ese "de alguna manera" en tus manos.

Te agradezco a ti por tener el deseo de leer este libro y la disposición para permitir que Jesús te enseñe a través de mí. Me siento muy honrado por todo esto.

Endosos

Este libro es para cualquiera que sienta curiosidad por Jesús, que haya oído hablar de Jesús pero esté desconcertado sobre cómo empezar a seguirlo. Ke Russo es un ministro que se preocupa por Jesús y por las personas que intentan seguir a Jesús. Es un alma gentil con una larga experiencia en conocer gente de afuera y ayudarla a encontrar un camino, a comenzar a seguir a Jesús en un camino hacia una vida más significativa, un camino hacia Dios.

Dr. Christopher R. Hutson
Profesor de Biblia, Misiones y Ministerio
Decano asociado, Facultad de Estudios Bíblicos

***

Las Enseñanzas del Camino Angosto tienen una manera profunda de señalar al lector en la dirección correcta. Alienta los corazones y las mentes a abrazar las enseñanzas dadas únicamente por Jesús. El autor exegetó cuidadosamente cinco bloques de enseñanzas dando a cada lector la conciencia necesaria para saber a quién o qué está siguiendo realmente.

Personalmente puedo decir que al leer estas enseñanzas, no pude evitar reflejarme en la vida de Cristo. Al hacer esto, me vi obligado a examinar mi viaje como discípulo. Revisé temporadas en las que fui más discípulo de predicadores persuasivos y modas religiosas que de Jesús. Así que abre tu corazón para recibir la sabiduría necesaria para convertirte en un verdadero discípulo de Jesús. A lo largo de este estudio dinámico de la Palabra, realmente verás que el camino angosto es el camino que lleva a la vida.

Autor Shelia Pearson

***

Dios nos reunió a Ke Russo y a mí en un momento en que mi familia y yo estábamos en un ministerio para ayudar con las necesidades básicas de los migrantes que llegaban de diferentes partes de Centroamérica a Matamoros, México. Después de esa ocasión lo invité a impartir un curso sobre el evangelio de Mateo en nuestra Escuela de Predicación. En ambas ocasiones vi a un hombre compasivo con gran pasión por empoderar a los discípulos de Nuestro Señor con el conocimiento de las enseñanzas de Cristo.

Considero que <u>Las Enseñanzas Del Camino Angosto: Directamente De La Boca de Jesús</u> es un libro muy útil en el que se nos desafía a analizar, ajustar y corregir nuestras vidas como discípulos de Cristo. Comparándolas con las enseñanzas que Cristo dejó respecto al modo de vida de sus verdaderos discípulos, y así verificar si efectivamente estamos en el camino correcto.

José Cabello
Siervo de la Iglesia de Cristo de Palmview y de la Escuela de Predicación del Sur de Texas.

***

Este libro es una de las miradas más profundas sobre lo que realmente es y lo que no es ser un discípulo de Jesucristo. Si eres una persona que lucha por comprender a Jesús, sus enseñanzas y simplemente conocerlo en general, este es un gran libro que te ayudará a reconfigurar tu cerebro de todos los conceptos erróneos y la desinformación relacionados con este tema. Recomiendo ampliamente este libro porque es una autoevaluación general para todas las personas. ¡Me encanta esto!

Summer M. Davis, Gen Z

***

Esta obra es sensible, relevante y oportuna sobre el tema de vivir en la voluntad de Dios. Ke Russo plantea hábilmente la necesidad de que las personas regresen a Dios. Es un libro que con mucho gusto recomendaré en cualquier empresa.

RC Rayborn, Jr
Iglesia Nueva Vida

***

Las enseñanzas del camino estrecho son muy necesarias en un momento como éste. Justo cuando pensábamos que el mundo no podía estar más dividido, política y religiosamente, tenemos la mayor división jamás vista. Esta exposición, cinco secciones del libro de Mateo, nos reúne al comprender cuidadosamente las sencillas enseñanzas de Jesús que derriban muros, expone el amor de Dios, trae la poderosa luz de la verdad y trae una vida de unidad a todos los que abrazarán el camino angosto enseñanzas de Jesús.

Élder Leonardo Gilbert, ministroIglesia de Cristo de Sheldon Heights

Contenido

Introducción

Imagina un barco de vela con altos mástiles, navegando los mares a principios de 1800. Visualiza el barco siendo sacudido de un lado a otro por las furiosas olas; cada ola barre la cubierta, amenazando con arrojar a cada marinero al agua. Los cielos están oscuros, iluminados solo por los relámpagos que cruzan el cielo. Fuertes vientos azotan el barco y a los marineros con una lluvia punzante. El capitán está en el timón, haciendo poco más que evitar que el barco sea golpeado de lado por la siguiente ola enfurecida. Todos los demás se aferran con fuerza, tratando de aguantar la tormenta. Las horas pasan lentamente, y la tormenta es implacable. Poco a poco, los vientos disminuyen y las olas cesan. Casi mágicamente, la tormenta es reemplazada por una calma pacífica y mares tranquilos. Gradualmente, las estrellas comienzan a reaparecer en el cielo. Todos respiran con más tranquilidad ahora, porque la tormenta ha pasado. Pero, ¿dónde están? Nadie lo sabe, pero nadie se preocupa. El capitán y los marineros encontrarán su rumbo y retomarán su viaje a través del océano.

Quizás te hayas preguntado cómo los marineros pueden encontrar su camino a través de un vasto océano sin perderse. Te garantizo que no quieres que yo sea el capitán de tu barco en un viaje oceánico. Mi problema no sería perderme; mi problema sería que comenzaría perdido y no sabría cómo dejar de estarlo. Sin embargo, los marineros expertos no tienen problemas para perderse en el océano. Si tienen la Estrella del Norte y un instrumento llamado cronómetro, siempre sabrán dónde están y en qué dirección navegar.

¿Cómo es eso posible? La Estrella del Norte y el cronómetro les ayudan a conocer dos datos muy importantes: latitud y longitud. Si conocen esas dos cosas, pueden localizar su posición en un mapa y saber en qué dirección navegar para llegar a su destino. Para nuestros propósitos, nos centraremos en cómo los marineros usan la Estrella del Norte para encontrar su latitud y orientarse.

Navegar el océano se requiere encontrar y seguir la Estrella del Norte, que permanece como un punto de referencia constante en el cielo nocturno. Aunque yo tengo problemas para identificarla, los marineros experimentados no los tienen, y confían en esta guía constante. Ellos saben cómo seguir a una estrella que no se mueve, y eso es clave. La Estrella del Norte no se mueve en el cielo nocturno porque se encuentra directamente sobre el norte verdadero. Así que un capitán sólo necesita encontrar la Estrella del Norte para saber en qué dirección está el norte. Si el norte es la dirección deseada, el capitán solo debe mantener el barco yendo en esa dirección. Si la dirección está hacia el oeste, el capitán solo apunta el barco en una dirección al oeste de la estrella. Así es como un capitán sabe en qué dirección ir.

¿Cómo encuentra el capitán la latitud de la ubicación del barco usando la Estrella del Norte? Increíblemente, observar cuán alta está la Estrella del Norte en el cielo le dice al capitán la latitud exacta del barco en la Tierra. El número de grados en que la Estrella del Norte está desde el horizonte, desde la perspectiva del barco, resulta ser el número de grados en que el barco está desde el ecuador. Eso le da al capitán ese dato clave. ¿Cómo encuentra el capitán el número de grados en que la Estrella del Norte está desde el horizonte? Pues, él (o ella) puede extender sus brazos, hacer dos puños y apilarlos uno sobre otro desde el horizonte hasta la ubicación de la Estrella del Norte. Cada puño representa aproximadamente diez grados. Si se necesitan tres puños para marcar la distancia entre el horizonte y la Estrella del Norte, eso es aproximadamente treinta grados. Después de eso, el capitán solo necesita encontrar la línea de latitud de treinta grados en un mapa. Si el capitán quiere una forma más precisa de encontrar los grados exactos, usaría un sextante, que mide los grados exactos. Un principio similar, con una pequeña variación, se usa con el sol para encontrar la latitud durante el día. Una vez que el capitán conoce la latitud de la ubicación del barco, está a mitad de camino para encontrar la ubicación exacta del barco en el océano.

En la imagen que visualizaste en tu mente, un barco en mares tranquilos después de una tormenta, era solo cuestión de tiempo antes de que el capitán determinara su ubicación actual para que pudieran continuar su viaje. Nunca estuvieron perdidos porque tenían la información necesaria para volver al rumbo.

A nadie le gusta perderse, y menos aún quedarse perdido. Esto es cierto en cualquier aspecto de la vida. Es especialmente cierto en los viajes espirituales que emprendemos también. Entonces, ¿cómo navegamos los mares tormentosos de la vida sin perdernos espiritualmente? Al igual que Dios dio a los marineros la Estrella del Norte para navegar por los mares, Él ha dado a todas las personas una Estrella del Norte espiritual: Jesús. Solo necesitamos saber cómo encontrarlo y luego seguirlo para no perdernos.

Puedes preguntar: ¿Por qué Jesús es la Estrella del Norte? Puedes hacer esa pregunta porque no te inclinas hacia una persuasión cristiana. Podrías ser miembro de alguna otra religión mundial como el judaísmo, el islam, el budismo, el hinduismo, el sijismo... Hay muchas para elegir, y personas de todo el mundo lo están haciendo. Incluso podrías considerarte agnóstico o ateo. En este mundo, hay un número considerable de personas que no ven la necesidad de seguir a un personaje histórico llamado Jesús.

Si ese es tu caso, permíteme darte una breve y rápida visión general de por qué Jesús es esa Estrella del Norte. En la Biblia cristiana, dos libros nos informan que Jesús nació en Belén en un momento determinado (Mateo y Lucas). En otro evangelio, Jesús afirma que una vida plena se experimenta sólo a través de Él (Juan 10:10). También afirma ser el Hijo de Dios (Juan 1:14), ser el único camino hacia Su Padre (Juan 14:6), ser la fuente de la verdad (Juan 8:31) y ser la verdad suprema (Juan 14:6). En Hechos 2:22-36 y en Filipenses 2:6-11, se enseña que Jesús fue muerto, sepultado y resucitado de entre los muertos. La afirmación de la resurrección es la base para proclamar que Jesús es el Rey y juez de todas las personas. Eso convierte a Jesús en nuestra Estrella del Norte espiritual dada por Dios, si todas estas afirmaciones son verdaderas.

¿Son verdaderas? Hay registros históricos antiguos que verifican que Jesús realmente vivió en Israel desde el 4 a.C. hasta el 29 d.C. Verifican que, de hecho, fue crucificado por Poncio Pilato. La historicidad de Jesús no se niega. Lo que se cuestiona es Su afirmación de divinidad. En ese sentido, hay un acontecimiento interesante en la crucifixión de Jesús que fue validado por un historiador antiguo que no aceptaba que Jesús fuera el Hijo de Dios. Su nombre era Talos, y escribió sus registros históricos alrededor del año 50 d.C., solo once años después de la crucifixión de Jesús. Hubo un episodio de oscuridad durante la crucifixión de Jesús que duró varias horas. Talos escribió que la oscuridad fue el resultado de un eclipse solar. Más tarde, otro escritor, Julio Africano, escribió que un eclipse solar no era posible porque la Pascua se celebraba durante la luna llena, lo que hacía imposible un eclipse solar ya que la luna estaba en el lugar incorrecto para tal eclipse. Entonces, Talos, al intentar desacreditar los relatos milagrosos que rodean la muerte de Jesús, en realidad validó uno de esos milagros.

Sin embargo, la clave de la afirmación de Jesús de ser el Hijo de Dios es si Él realmente resucitó de los muertos como afirmaron Sus discípulos. Cincuenta días después de la crucifixión de Jesús, Sus discípulos predicaron en Jerusalén que Jesús ya no estaba muerto, que había resucitado, y que la resurrección era la prueba de Dios de que Jesús es el Hijo de Dios y el Rey de todas las personas. El mismo Consejo del Sanedrín de los judíos y el ejército romano que había matado a Jesús todavía estaban en Jerusalén. Ellos conocían la predicación de esos discípulos de Jesús en el templo ese día. Todavía eran enemigos de Jesús. Si el cuerpo muerto de Jesús hubiera sido producido por Sus verdugos, la proclamada resurrección habría sido fácilmente refutada. Los soldados romanos que custodiaban la tumba podrían haber presentado Su cuerpo muerto al público, poniendo fin al movimiento antes de que comenzara. Esos discípulos habrían sido revelados como mentirosos y habrían sido ignorados por la gente. Habría sido así de simple.

Detener el movimiento de los seguidores de Jesús estaba en el mejor interés de Roma. César no quería que surgieran reyes rivales que trajeran disturbios y revueltas a su imperio. Césares anteriores ya habían matado a otros que afirmaban ser un rey para los judíos. Los soldados romanos no habrían tenido reparos en sacar un cuerpo muerto y mostrárselo al pueblo, pero no lo hicieron. Eso significa que podemos saber que Jesús realmente resucitó de entre los muertos y que Él es verdaderamente el Hijo de Dios.

Hay más pruebas de que Jesús es nuestra Estrella del Norte espiritual. Tenemos veintisiete libros de la Biblia cristiana que nunca se habrían escrito si el cuerpo muerto de Jesús hubiera sido presentado ese día por los soldados romanos. Cuando hojeas una Biblia con un Nuevo Testamento o ves numerosas Biblias en una estantería de una librería o biblioteca, estás mirando evidencia. Eso significa que Jesús hizo todos los milagros en esos veintisiete libros. Eso significa que todas Sus audaces afirmaciones sobre Su identidad son verdaderas y que un día te encontrarás ante Él, con Él como tu juez. Eso convierte a Jesús en la Estrella del Norte espiritual que todos necesitan seguir.

Entonces, ¿cómo se sigue a Jesús realmente? ¿Qué aspecto tiene eso? ¿Significa convertirse en miembro de alguna denominación cristiana, asistir a los servicios de la iglesia todos los domingos, o al menos en las festividades cristianas? Seguir a Jesús puede significar muchas cosas para las personas, y a lo largo de los siglos, ha sido así. Para que todos estemos en la misma sintonía, ofrezco esta imagen: seguir a Jesús es como viajar por un camino.

En 1915, Robert Frost escribió un poema titulado

El Camino No Tomado:

Dos caminos se bifurcaron en un bosque amarillo,
Y lamenté no poder recorrer ambos
Siendo un solo viajero, me detuve mucho tiempo
Y miré uno tan lejos como pude
Hasta donde se doblaba en la maleza;

Luego tomé el otro, tan justo,
Y quizás teniendo mejor reclamo,
Porque estaba cubierto de hierba y necesitaba uso;
Aunque en cuanto a eso, el paso allí
Realmente los había desgastado casi por igual,

Y ambos esa mañana yacían por igual
En hojas que ningún paso había pisado en negro.
¡Oh, dejé el primero para otro día!
Pero sabiendo cómo un camino lleva a otro camino,
Dudé si alguna vez regresaría.

Lo contaré con un suspiro
En algún lugar, edades y edades después:
Dos caminos se bifurcaron en un bosque, y yo—
Yo tomé el menos transitado,
Y eso ha hecho toda la diferencia.

Las poderosas palabras de este poema estimulan la imaginación y pintan imágenes vívidas en la mente. Habla de la realidad de que cada vida elige viajar por un camino que conduce a algún lugar. Tomamos decisiones conscientes para recorrer esos caminos. El camino puede ser una elección de carrera. Podría ser la decisión de casarse o no, de tener hijos o no tenerlos. Podría ser una decisión sobre dónde vivir. Tal vez a veces miramos atrás y nos preguntamos cómo habría sido nuestra vida si hubiéramos elegido el otro camino. En esencia, la vida es una serie de viajes por una cantidad de caminos que una persona elige recorrer.

Jesús nos lleva a otro camino que podemos elegir o no. Esta elección se hace mientras caminamos por otros caminos de la vida. Sin embargo, cuando llegamos a esta elección sobre seguir a Jesús, la bifurcación presenta dos caminos que crean cambios sísmicos que se extienden a todos los rincones de la vida. Un camino es la elección de no seguir a Jesús; el otro camino es la elección de seguirlo. Podemos ver un poco en cada camino, pero en su mayoría los caminos tienen giros y vueltas desconocidas, colinas y valles. No es posible saber cómo es realmente el camino elegido hasta que se recorre y se experimenta. Descubrimos entonces si tomamos la decisión correcta. De pie en la bifurcación, una cosa es clara: el camino menos transitado es el que sigue a Jesús. Esto puede ser a la vez aterrador y emocionante. La posibilidad de maravilla y aventura nos atrae; la posibilidad de soledad e incluso oposición nos empuja hacia el otro camino. Como en el poema, si elegimos tomar el camino menos transitado que sigue a Jesús, anticipamos que marcará toda la diferencia.

Mucho antes de que Robert Frost escribiera su poema sobre dos caminos, Jesús dio una enseñanza sobre dos caminos: el camino ancho y el camino estrecho: "Entrad por la puerta estrecha. Porque ancha es la puerta y espacioso el camino que lleva a la destrucción, y muchos son los que entran por ella. Pero pequeña es la puerta y angosto el camino que lleva a la vida, y solo unos pocos la encuentran" (Mateo 7:13-14).

Observa que la mayoría de las personas eligen el camino ancho. Ese camino obviamente no es el que las personas siguen a Jesús, porque conduce a la destrucción. El camino donde las personas siguen a Jesús lleva a la vida, pero ese será el camino que menos personas recorrerán.

¿Por qué la mayoría de la gente elegiría el camino ancho? Nos parece extraño porque creemos que la mayoría elegiría la vida sobre la muerte; sin embargo, Jesús dijo que no sería así. ¿Qué factor llevaría a la mayoría de las personas a escoger un camino que conduce a la muerte? La mayoría de las personas tienen un instinto de supervivencia que llevan dentro desde el nacimiento. Al enfrentarse a la muerte, luchamos con toda nuestra energía, hasta el último momento, para permanecer vivos. En muchas culturas modernas, la gente hace todo lo posible para retrasar la muerte. Piensa en cuánto dinero se gasta en vitaminas y medicinas. Incluso se teme al envejecimiento porque es una señal de que nos estamos acercando a la muerte. Por eso, las membresías de gimnasio y las cirugías plásticas se han vuelto parte de la vida. Entonces, ¿por qué, de hecho, la mayoría elegiría el camino ancho en lugar del camino estrecho, escogiendo la muerte sobre la vida?

Jesús conocía las razones y nos las contó. Puede que te sorprenda, pero también podrías sentirte identificado. Para empezar, no todos quieren hacer la voluntad del Padre en el cielo (Mateo 7:21-23), porque eso significaría realmente escuchar las enseñanzas de Jesús y vivir conforme a ellas (Mateo 7:24-27). Prefieren no seguir a Jesús tanto que se unirán a la mayoría en el camino ancho, aunque eso signifique su muerte. Otra razón es que las personas no se toman el tiempo para considerar a Jesús, y al no hacerlo, no se dan cuenta de que están en un camino que conduce a la muerte. No saben nada sobre el camino alternativo que Jesús ofrece, casi como si esa bifurcación en el camino estuviera oculta para ellos. Ni siquiera saben que existe. Lo harían, sin embargo, si alguna vez se tomaran el tiempo para considerar a Jesús.

¿Puedo ofrecerte una observación personal? Soy solo una persona, así que tengo un conocimiento y una experiencia limitados. Aun así, he vivido mis propios años y he tenido experiencias relevantes. En mi vida, he encontrado que ser religioso a menudo se interpone en el camino de seguir a Jesús. Eso suena extraño, ¿no? Pensaríamos que ser parte de un grupo religioso, como una iglesia o una denominación, nos ayudaría a seguir a Jesús. Lamentablemente, a veces se convierte en un obstáculo. La iglesia es, de hecho, importante, así que no queremos "tirar al bebé con el agua de la bañera" y dejar de ser parte de la iglesia. Solo necesitamos estar conscientes del posible problema mientras cada uno reflexiona sobre seguir a Jesús. Esta conciencia puede ayudarnos a superar el problema cuando surja.

A medida que leas este libro, mantén la imagen de dos caminos, dos elecciones, en tu mente. Considera algunas preguntas adicionales: ¿Seguirás a Jesús, sabiendo que te traerá vida? ¿O estarías tan opuesto a seguir a Jesús que elegirías el camino ancho, aunque sepas que te llevará a la muerte? Estás en tu bifurcación en el camino y tienes una decisión que tomar. Tu elección marcará toda la diferencia entre que tu futuro sea la vida o la muerte.

¿Seguirás a Jesús, sea lo que sea que eso resulte ser? Si tu respuesta es afirmativa, entonces debes entender una verdad simple: no puedes seguir a Jesús a menos que estés en el mismo camino en el que Él está. Verás, seguir a Jesús realmente se trata de caminos. A medida que continúes leyendo este libro, aprenderás más sobre el camino que toman los seguidores de Jesús.

Peras y Aguacates

Una pera y un aguacate. Dos elementos que tienen algunas similitudes. Ambos son verdes; tienen la misma forma básica. Ambos son frutas. Si te enviaran a la tienda a comprar peras, comprarías peras, no aguacates. ¿Por qué? Porque no son lo mismo. Puede que te guste el sabor de ambos, pero algunas similitudes no hacen que las dos frutas sean el mismo elemento. El guacamole hecho con peras no tendría el mismo sabor, ni las conservas de pera sabrían bien si se usaran aguacates en su lugar.

¿Es posible que lo que muchos cristianos entienden como un discípulo sea similar a lo que Jesús diría pero en realidad no sea lo mismo? Las apariencias pueden engañar, ¿verdad? Si vamos a tomar esa determinación de una manera u otra, es importante decidir primero quién define lo que es un discípulo, o quién es un discípulo.

Antes de seguir adelante, me gustaría que te prepares para el viaje. No digo que te prepares porque estaremos a toda velocidad en este viaje. Más bien, necesitas prepararte para no abandonar el camino. Si vas a ser un discípulo de Jesús, realmente ser un discípulo, querrás abandonarlo múltiples veces. La única manera de evitarlo es sujetándote bien. Así que haz lo que necesites para estar bien sujeto. Haré lo que pueda para ayudarte.

Quizás deberíamos comenzar primero con encontrar un terreno común sobre cuál es la comprensión básica de un discípulo en general. Así que tomemos un poco de tiempo con algunos conceptos básicos.

Existen otras palabras que se incluyen en discípulo, como seguidor y estudiante.

Ser seguidor implica tener un líder a quien seguir. El seguidor imita al líder, lo escucha y obedece al líder. El seguidor va a donde va el líder o donde el líder lo envía. Un seguidor se somete a la autoridad del líder, lo que significa entregar su voluntad a la voluntad del líder.

Ser estudiante requiere una disposición para aprender. Eso, a su vez, implica novedad y cambio. Ese cambio podría ser un cambio de dirección, y podría significar una transformación personal. Muy probablemente, puede requerir ambos. Aprender requiere una apertura a nuevas ideas, nuevas actitudes y nuevas prácticas.

Combina estos dos conceptos, y ves algunas capas importantes de ser un discípulo. No puedes ser un seguidor si no estás dispuesto a aprender cosas nuevas. ¿Y cuál es el sentido de aprender cosas nuevas si no haces nada con lo nuevo, o si no eres cambiado por lo nuevo? Estos elementos fundamentales de ser un discípulo traerán tensión a la vida. Fundamentalmente, a los humanos no nos gusta naturalmente el cambio. Nos gusta la estabilidad; nos sentimos cómodos con el status quo. Aunque tenemos un deseo de aprender cosas nuevas en nuestra juventud, cuanto mayores nos hacemos, más nos aferramos a lo que ya sabemos.

Una vez conocí a un hombre cuya visión de ser discípulo tenía una trampa inherente oculta. Era esposo y padre, y muy bueno y consciente en ambos roles. Sin embargo, tenía un defecto en su pensamiento que lo tropezaba a veces. Cuando veía su conexión con su iglesia, estaba abierto a cualquier visión o dirección con la que estuviera de acuerdo. Sin embargo, si no estaba de acuerdo con una visión o dirección, sentía que era su rol como esposo y padre pensar y hacer de manera diferente. Veía esto como proteger a su familia.

Esto nos parece razonable, pero ¿ves la trampa? Cuando empiezas con la idea de que seguirás a un líder solo mientras estés de acuerdo, ya te has desabrochado y preparado para abandonar. Todos simpatizamos con este hombre porque entendemos la lógica de no seguir cosas con las que no estamos de acuerdo. Sin embargo, es importante reconocer la tensión que surgirá cuando alguien decida ser discípulo de algún líder. Habrá muchas veces en las que el seguidor no estará de acuerdo con el líder y preferirá no seguir.

Considera cómo la enseñanza de Jesús sobre poner la otra mejilla ha parecido una tontería para muchos que afirman ser sus discípulos. Muchos aspirantes a discípulos han retorcido de diversas maneras su enseñanza para permitirles realmente no estar de acuerdo con la enseñanza y no seguir a Jesús cuando están en desacuerdo con él. Quizás recuerdes cuando hiciste exactamente eso. Puedes haber aliviado la tensión dentro de ti, pero ¿seguías a Jesús? ¿O realmente te diste por vencido?

Elegir ser discípulo de alguien va a generar tensión en la vida en algún momento. ¿Aceptaremos nuevas enseñanzas, actitudes y prácticas cuando no estemos de acuerdo? Al menos, vemos claramente cuán importante es elegir al líder adecuado si vamos a ser seguidores. De alguna manera, debemos encontrar una manera de resolver la tensión de ser estudiante y seguidor cuando estamos en desacuerdo con el líder. Si seguimos a un líder que es confiable y siempre está en lo correcto, esto nos ayuda a seguir incluso cuando no queremos.

Ahora que hemos expuesto algunos conceptos básicos sobre ser un discípulo y reconocido las tensiones potenciales, vamos a profundizar un poco más. ¿Quién decide qué significa ser un discípulo de Jesús? La respuesta es obvia, ¿verdad? Jesús es el líder, así que él decide lo que se necesita para ser discípulo. Él traza el camino que debe recorrer un discípulo. Eso nos lleva de nuevo a la idea de que no podemos seguir a Jesús si no estamos caminando el mismo camino.

Tomemos un momento para considerar esto. Si eres mi líder y decides ir de Chicago, Illinois a St. Louis, Missouri caminando hacia el suroeste por la Interestatal 55, ¿te estoy siguiendo si decido caminar hacia el este por la Interestatal 80? ¿Llegaré siquiera al mismo destino? Por supuesto que no. No compartimos el viaje ni las experiencias, y terminamos en lugares completamente diferentes. ¿Qué pasa si decido recorrer la Interestatal 55 como tú, pero elijo conducir mi auto? ¿Te estoy siguiendo? Por supuesto que no. Llegaré mucho antes que tú, y no tendré las mismas experiencias. Si voy a seguirte, mi líder, tengo que caminar el mismo camino que tú.

Si decimos que Jesús es nuestro líder, entonces él traza el viaje para nosotros. Él nos da las instrucciones, y seguimos. Él nos indica nuevas direcciones, y las seguimos. Él modela una nueva actitud, y la imitamos. Él establece los términos para ser discípulo, no nosotros. Si queremos ser discípulos de Jesús pero no estamos cómodos con renunciar al control, necesitamos asegurarnos de mantenernos bien sujetos. Es tentador desabrocharse, incluso cuando aún estamos en el auto. Ya podemos estar pensando en cuándo querremos abandonar. Si hacemos eso, estamos poniendo límites a cuánto tiempo seguiremos a nuestro líder.

Ahora tenemos una comprensión más completa de lo que es un discípulo y la entrega de voluntad que implica ser discípulo de Jesús. Esto nos lleva al enfoque de este libro: ¿dónde buscamos las instrucciones de Jesús para sus discípulos? La respuesta obvia es, buscamos a Jesús. Sin embargo, si esto es todo lo que hacemos, probablemente seamos el tipo de personas que van a la tienda buscando peras y regresan con aguacates. Podemos ser discípulos en algún sentido, pero corremos el riesgo de descubrir que no somos discípulos de Jesús. Podemos haber llegado a ser discípulos de una iglesia o una tradición religiosa; o quizás hemos llegado a ser discípulos de un predicador persuasivo o la última moda religiosa. Envolvemos nuestra idea de discipulado en el nombre de Jesús y asumimos que estamos bien, pero ¿lo estamos?

Tómate un momento personal y reflexiona sobre por qué estás conectado a la iglesia particular que está en tu vida. ¿Tomaste esa decisión por el legado familiar? ¿Elegiste esa iglesia porque un amigo te invitó? ¿Estás allí porque te gusta el estilo de adoración o la predicación? Quizás estas personas te ayudaron en tu momento de necesidad. Ninguna de estas razones es mala para ser parte de una iglesia; sin embargo, ninguna de estas razones está enfocada en Jesús, ¿verdad? Por tu bien, profundiza para encontrar una mejor razón para ser parte de una iglesia. Puedes profundizar y no cambiar tu conexión con esa iglesia. Sin embargo, es posible que Jesús te dirija hacia otro lugar. Sea cual sea el resultado, decides si seguirás a Jesús. ¿Pera o aguacate?

En este libro, pondremos este pensamiento bajo el microscopio y lo examinaremos más de cerca. Haremos preguntas y comparaciones. Determinaremos si hemos parecido discípulos de Jesús pero no hemos llegado a ser discípulos de Jesús. Así que te alerto: han pasado casi dos mil años desde que Jesús llamó a sus primeros discípulos, por lo que es probable que nuestra visión del discipulado se haya distorsionado de alguna manera. Incluso podríamos descubrir que ni siquiera hemos estado en el mismo camino que Jesús. Si ser discípulo implica aprender y ajustarse, toma lo que aprendas y haz los cambios necesarios. Si lo haces, estarás de regreso en el camino correcto de seguir a Jesús.

El microscopio que utilizaremos se encuentra en el evangelio de Mateo. Puedes usar Marcos, Lucas y Juan también, pero nos centraremos en Mateo. Así que saquemos nuestro microscopio. En 1946, un hombre llamado Jack Dean Kingsbury escribió sobre este microscopio. Identificó cinco lugares en el evangelio de Mateo donde Jesús instruía principalmente a sus discípulos sobre seguirlo. Hay una frase clave que marca el final de cada una de estas enseñanzas: cuando Jesús terminó de decir estas cosas. Encontrarás esa frase, o alguna variante de ella, en Mateo 7:28; 11:1; 13:53; 19:1; y 26:1. Estos son marcadores que le indican al lector que Jesús había terminado alguna enseñanza.

Hay más que saber sobre estas secciones de enseñanza. Si trabajas hacia atrás desde donde comienzan las enseñanzas, o cerca del comienzo, encontrarás a quién estaba enseñando Jesús. Así que trabajando hacia atrás, encontrarás esta información en 5:1; 10:1; 13:1-2, 10; 18:1; y 24:1, 3. ¿Quién era la audiencia de Jesús en estas enseñanzas? A veces las multitudes estaban presentes; siempre, sus discípulos estaban presentes. A medida que leas cada sección de enseñanza, queda claro que los discípulos de Jesús eran su enfoque principal. En estas secciones, Jesús está enseñando a sus discípulos cómo ser discípulos.

Cuando se trata de caminar por el mismo camino que Jesús, es crítico que entendamos esto. ¿Por qué? Ve al final del evangelio de Mateo y lee las palabras de Jesús a sus discípulos que están registradas en 28:18-20: "Entonces Jesús se acercó a ellos y les dijo: 'Toda autoridad en el cielo y en la tierra me ha sido dada. Por tanto, vayan y hagan discípulos de todas las naciones, bautizándolos en el nombre del Padre y del Hijo y del Espíritu Santo, y enseñándoles a obedecer todo lo que les he mandado.'"

Los cristianos conocen muy bien este texto y a menudo lo llaman La Gran Comisión. ¿Qué dijo exactamente Jesús en su comisión a sus primeros discípulos? Recuerda, Jesús es el que lidera, y él determina lo que hace a alguien un discípulo, así que necesitamos asegurarnos de entender esto y seguirlo. Principalmente, envió a esos hombres a hacer otros discípulos. Ese es el verbo principal de su comisión. Este verbo es seguido por dos verbos subordinados que dan instrucciones sobre cómo hacerlo.

Primero, Jesús dijo que los nuevos discípulos debían ser bautizados en el nombre del Padre, del Hijo y del Espíritu. Bautizar en realidad significa sumergir. Ese es el primer paso, según Jesús, para hacer discípulos. Esto puede ser una nueva perspectiva para ti. Quizás no se te enseñó que Jesús requería que fueras sumergido en agua. Tal vez aprendiste algo que fue moldeado por casi dos mil años de religión cristiana. Lo que comparto contigo viene directamente de Jesús, y si dejas que él sea tu Estrella Polar, estarás bien.

El segundo verbo instruyó a sus discípulos a enseñar a otros lo que Jesús les enseñó. Estos nuevos discípulos en formación necesitarán obedecer esas enseñanzas. Los seguidores no pueden seguir a su líder si no saben lo que su líder ha enseñado, ¿no estás de acuerdo? Sin embargo, una verdad tan simple puede haber sido casi completamente pasada por alto. ¿Por qué? Porque muchos no han visto esas enseñanzas aunque las hayan leído. ¿Cómo es eso posible? Te lo explicaré.

Por supuesto, hay enseñanzas de Jesús en los cuatro evangelios que necesitamos escuchar y obedecer. También hay enseñanzas de Jesús a lo largo del evangelio de Mateo que necesitamos escuchar y obedecer. No debemos perdernos ninguna de ellas. Sin embargo, si Mateo identifica cinco lugares donde Jesús habló específicamente, a veces incluso exclusivamente, a sus discípulos sobre ser su discípulo, ¿no tiene sentido que debamos mirarlos muy de cerca? Eso es lo que haremos en este libro, y esas cinco secciones de enseñanzas en el evangelio de Mateo serán nuestro microscopio.

Esto parece bastante simple y directo, ¿no? Sin embargo, muchos cristianos ni siquiera conocen estas cinco secciones de enseñanza. Yo las conocía desde hace años como predicador, pero no conecté los puntos como debería. He bautizado a personas en Jesús muchas veces, pero no enseñé a esos nuevos discípulos lo que Jesús enseñó en esas cinco secciones de enseñanza. Los predicadores y las iglesias han estado desarrollando material de discipulado durante mucho tiempo, tal vez desde los primeros días de la iglesia. Sin embargo, ¿cuántas clases y programas de discipulado nunca tocan siquiera estas cinco secciones de enseñanza de Jesús? Recuerda, estas son secciones donde el líder, Jesús, está enseñando a sus seguidores, personas como nosotros, cómo seguirlo. Son bastante importantes por esa razón.

Ahora podría ser un buen momento para hacer una pausa y reflexionar sobre la enseñanza que has recibido. ¿Sabías siquiera sobre estos cinco bloques de enseñanza y su significado? ¿Tú y otros han pasado tiempo con esas enseñanzas de Jesús? Si lo han hecho, ¡maravilloso! Si no lo han hecho, ¿qué han perdido? Si no hemos pasado tiempo aprendiendo estas enseñanzas, entonces tal vez no las estamos siguiendo. Si ese es el caso, quizás ni siquiera estamos siguiendo a Jesús. Tal vez estamos caminando un camino completamente diferente. Quizás hemos sido aguacates y no peras. Si eso ha pasado, necesitamos averiguarlo, y cuanto antes, mejor.

Antes de adentrarnos en la primera sección, sin embargo, haremos una revisión del cinturón de seguridad. Lo haremos regularmente en nuestro viaje por este camino de seguir a Jesús. Esto podría ayudarnos a no abandonar.

Chequeo del Cinturón de Seguridad

Los cinturones de seguridad no sirven de mucho si no estamos bien ajustados. Esto es cierto tanto en un coche como al seguir a Jesús. Jesús es tan radicalmente diferente a este mundo que debemos esperar que nos guíe a través de enseñanzas y circunstancias difíciles. Para ayudarte a mantenerte firme con Jesús, te ofrezco esta revisión del cinturón de seguridad.

Si te preguntara, ¿crees que la Biblia es verdadera y debe ser seguida?, probablemente dirías, Sí.

Si te preguntara, ¿tienes una comprensión completa y perfecta de la Biblia?, probablemente dirías, No.

Si respondiste ambas preguntas como supuse que lo harías, entonces estás reconociendo algo que probablemente no habías considerado hasta ahora. Estás diciendo que ahora crees algo en la Biblia que está equivocado. Probablemente no esperabas esto, así que piénsalo. Si no tienes una comprensión perfecta de la Biblia, eso significa que alguna parte de tu comprensión es incorrecta. Eso significa que en algún lugar tienes una creencia errónea. No te preocupes demasiado por eso, porque todos tenemos este problema.

Veamos un paso más: si te pregunto, ¿puedes decirme qué es lo que actualmente crees que está mal? No podrías porque, si supieras que algo está mal, ya lo habrías cambiado. Eres una persona consciente y no te aferras deliberadamente a algo que es falso. Dado que nunca tendrás una comprensión perfecta de la Biblia, eso significa que siempre tendrás alguna creencia incorrecta.

¿Qué puedes hacer al respecto? Sugiero dos cosas. Primero, no te estreses, porque este es el estado en el que se encuentra cada persona, incluso un discípulo. Segundo, no tengas miedo de reconocer que estás equivocado cuando lo descubras. Está bien admitir que estás equivocado. No muchas personas están cómodas con eso, pero todos estaríamos mejor si lo estuviéramos. Cuando se trata de seguir a Jesús, te darás cuenta, quizás bastante a menudo, de que tu comprensión es incorrecta. Simplemente sé un estudiante, reconoce lo que está mal, aprende y cambia, y luego sigue adelante. Así es como avanzamos en el camino con Jesús.

Eso concluye nuestra revisión del cinturón de seguridad. Estás bien ajustado cuando reconoces que está bien admitir que estás equivocado en alguna comprensión de seguir a Jesús. Cuando reconozcas eso, haz los cambios que necesites y confía en Jesús; estarás mejor con la comprensión que Él te dará. Alégrate de deshacerte de tu comprensión errónea y adopta su comprensión perfecta.

Mateo 5-7
Primer Bloque de Enseñanza

5 Al ver las multitudes, Jesús subió a la ladera de una montaña y se sentó. Se le acercaron sus discípulos, 2 y comenzó a enseñarles:

³ "Dichosos los pobres en espíritu, porque el reino de Dios les pertenece.

⁴ Dichosos los que lloran, porque serán consolados.

⁵ Dichosos los humildes, porque recibirán la tierra como herencia.

⁶ Dichosos los que tienen hambre y sed de justicia, porque serán saciados.

⁷ Dichosos los compasivos, porque serán tratados con compasión.

⁸ Dichosos los de corazón limpio, porque verán a Dios.

⁹ Dichosos los que trabajan por la paz, porque serán llamados hijos de Dios.

¹⁰ Dichosos los perseguidos por causa de la justicia, porque el reino de los cielos les pertenece.

¹¹ "Dichosos serán ustedes cuando, por mi causa, la gente los insulte, los persiga y levante contra ustedes toda clase de calumnias. 12 Alégrense y llénense de júbilo, porque les espera una gran recompensa en el cielo. Así también persiguieron a los profetas que los precedieron a ustedes.

^{13} "Ustedes son la sal de la tierra. Pero si la sal se vuelve insípida, ¿cómo recobrará su sabor? Ya no sirve para nada, sino para ser tirada y pisoteada por la gente.

^{14} "Ustedes son la luz del mundo. Una ciudad en lo alto de una colina no puede esconderse. ^{15} Ni se enciende una lámpara para cubrirla con un cajón. Por el contrario, se pone en la repisa para que alumbre a todos los que están en la casa. ^{16} Hagan brillar su luz delante de todos, para que ellos puedan ver las buenas obras de ustedes y alaben al Padre que está en el cielo.

^{17} "No piensen que he venido a anular la ley o los profetas; no he venido a anularlos, sino a darles cumplimiento. ^{18} Les aseguro que mientras existan el cielo y la tierra, ni una letra ni una tilde de la ley desaparecerán hasta que todo se haya cumplido. ^{19} Por lo tanto, el que quebrante uno de estos mandamientos más pequeños y así lo enseñe a otros será considerado el más pequeño en el reino de los cielos. Pero el que los practique y enseñe será considerado grande en el reino de los cielos. ^{20} Porque les digo que si su justicia no es mayor que la de los fariseos y maestros de la ley, de ninguna manera entrarán en el reino de los cielos.

^{21} "Ustedes han oído que se dijo a los antepasados: 'No mates, y el que mate será condenado.' ^{22} Pero yo les digo que cualquiera que se enoje con su hermano será condenado; cualquiera que lo insulte, será llevado ante el tribunal. Y cualquiera que lo maldiga quedará expuesto al fuego del infierno.

²³ "Por lo tanto, si estás presentando tu ofrenda en el altar y allí te acuerdas de que tu hermano tiene algo contra ti, ²⁴ deja tu ofrenda allí delante del altar. Ve primero a reconciliarte con tu hermano; luego vuelve y presenta tu ofrenda.

²⁵ "Si tu adversario te va a llevar ante el juez, haz las paces con él mientras van de camino, no sea que te entregue al juez, y el juez al guardia, y te metan en la cárcel. ²⁶ Te aseguro que no saldrás de allí hasta que pagues el último centavo.

²⁷ "Ustedes han oído que se dijo: 'No cometerás adulterio.' ²⁸ Pero yo les digo que cualquiera que mira a una mujer y la codicia ya ha cometido adulterio con ella en el corazón. ²⁹ Por lo tanto, si tu ojo derecho te hace pecar, sácatelo y tíralo. Más te vale perder una parte de tu cuerpo y no que todo tu cuerpo sea arrojado al infierno. ³⁰ Y si tu mano derecha te hace pecar, córtatela y tírala. Más vale perder una parte de tu cuerpo y no que todo tu cuerpo vaya al infierno.

³¹ "Se ha dicho: 'El que se divorcie de su esposa debe darle un certificado de divorcio.' ³² Pero yo les digo que, salvo en caso de infidelidad conyugal, el que se divorcia de su esposa la induce a cometer adulterio. Y el que se casa con la divorciada comete adulterio.

³³ "También han oído que se dijo a los antepasados: 'No faltes a tu juramento, sino cumple con tus promesas al Señor.' ³⁴ Pero yo les digo: No juren de ningún modo: ni por el cielo, porque es el trono de Dios; ³⁵ ni por la tierra, porque es el estrado de sus pies; ni por Jerusalén, porque es la ciudad del gran Rey. ³⁶ Y no juren por su cabeza, porque no pueden hacer que ni uno solo de sus cabellos sea blanco o negro. ³⁷ Cuando

ustedes digan 'Sí,' que sea realmente sí; y cuando digan 'No,' que sea no. Cualquier cosa de más proviene del maligno.

³⁸ "Ustedes han oído que se dijo: 'Ojo por ojo y diente por diente.' ³⁹ Pero yo les digo: No resistan al que les haga mal. Si alguien te da una bofetada en la mejilla derecha, vuélvele también la otra. ⁴⁰ Si alguien te pone pleito para quitarte la camisa, déjale también la capa. ⁴¹ Si alguien te obliga a llevarle la carga un kilómetro, llévasela dos. ⁴² Da a todo el que te pida, y no le vuelvas la espalda al que quiera pedirte prestado.

⁴³ "Ustedes han oído que se dijo: 'Ama a tu prójimo y odia a tu enemigo.' ⁴⁴ Pero yo les digo: Amen a sus enemigos y oren por quienes los persiguen, ⁴⁵ para que sean hijos de su Padre que está en el cielo. Él hace que salga el sol sobre malos y buenos, y que llueva sobre justos e injustos. ⁴⁶ Si ustedes aman solamente a quienes los aman, ¿qué recompensa recibirán? ¿Acaso no hacen eso hasta los recaudadores de impuestos? ⁴⁷ Y si saludan a sus hermanos solamente, ¿qué de más hacen ustedes? ¿No hacen eso también los paganos? ⁴⁸ Por lo tanto, sean perfectos, así como su Padre celestial es perfecto.

6 "Tengan cuidado de no hacer sus actos de justicia delante de los demás para ser vistos por ellos. Si lo hacen, no tendrán recompensa de su Padre que está en los cielos.

² "Por lo tanto, cuando des a los necesitados, no lo anuncies con trompetas como lo hacen los hipócritas en las sinagogas y en las calles para ser honrados por los demás. Les aseguro que ya han recibido su recompensa en su totalidad. ³ Pero cuando des a los necesitados, que tu mano izquierda no sepa lo que hace la derecha, ⁴ para que tu limosna sea

en secreto. Entonces tu Padre, que ve lo que se hace en secreto, te recompensará.

[5] "Y cuando ores, no seas como los hipócritas, a quienes les gusta orar de pie en las sinagogas y en las esquinas de las calles para ser vistos por los demás. Les aseguro que ya han recibido su recompensa en su totalidad. [6] Pero tú, cuando ores, entra en tu cuarto, cierra la puerta y ora a tu Padre, que está en lo secreto. Entonces tu Padre, que ve lo que se hace en secreto, te recompensará. [7] Y cuando ores, no repitas muchas palabras como los paganos, que piensan que serán escuchados por su palabrería. [8] No sean como ellos, porque su Padre sabe lo que necesitan antes de que se lo pidan.

[9] "Ustedes deben orar así: "Padre nuestro que estás en los cielos, santificado sea tu nombre, [10] venga tu reino, hágase tu voluntad, en la tierra como en el cielo. [11] Danos hoy nuestro pan de cada día. [12] Perdona nuestras deudas, como también nosotros hemos perdonado a nuestros deudores. [13] Y no nos dejes caer en la tentación, sino líbranos del maligno.

[14] Porque si perdonan a otros sus ofensas, también su Padre celestial los perdonará a ustedes. [15] Pero si no perdonan a otros sus ofensas, tampoco su Padre les perdonará sus ofensas.

[16] "Cuando ayunen, no pongan cara triste como los hipócritas, que desfiguran sus rostros para mostrar a los demás que están ayunando. Les aseguro que ya han recibido su recompensa en su totalidad. [17] Pero tú, cuando ayunes, unge tu cabeza y lava tu rostro, [18] para que no sea evidente ante los demás que estás ayunando, sino solo ante tu Padre, que

está en lo secreto; y tu Padre, que ve lo que se hace en secreto, te recompensará.

19 "No acumulen para ustedes tesoros en la tierra, donde la polilla y el óxido destruyen, y donde los ladrones se meten a robar. 20 Más bien, acumulen para ustedes tesoros en el cielo, donde ni la polilla ni el óxido destruyen, y donde los ladrones no se meten a robar. 21 Porque donde esté tu tesoro, allí estará también tu corazón.

22 "El ojo es la lámpara del cuerpo. Si tus ojos están sanos, todo tu cuerpo estará lleno de luz. 23 Pero si tus ojos están enfermos, todo tu cuerpo estará lleno de oscuridad. Si entonces la luz que hay en ti es oscuridad, ¡qué grande será esa oscuridad!

24 "Nadie puede servir a dos señores. Porque odiará a uno y amará al otro, o será fiel a uno y despreciará al otro. No pueden servir a la vez a Dios y a las riquezas.

25 "Por lo tanto, les digo: No se preocupen por su vida, qué comerán o qué beberán; ni por su cuerpo, cómo se vestirán. ¿No es la vida más que el alimento, y el cuerpo más que la ropa? 26 Miren las aves del cielo, que no siembran ni cosechan ni almacenan en graneros; sin embargo, el Padre celestial las alimenta. ¿No valen ustedes mucho más que ellas? 27 ¿Quién de ustedes, por mucho que se preocupe, puede añadir una sola hora a su vida?

28 "¿Y por qué se preocupan por la ropa? Observen cómo crecen los lirios del campo. No trabajan ni hilan. 29 Sin embargo, les digo que ni siquiera Salomón, con todo su esplendor, se vestía como uno de ellos. 30 Si así viste Dios a la hierba del campo, que hoy está y mañana se echa al

fuego, ¿no hará mucho más por ustedes, hombres de poca fe? [31] Así que no se preocupen, diciendo: '¿Qué comeremos?' o '¿Qué beberemos?' o '¿Con qué nos vestiremos?' [32] Porque los paganos andan tras todas estas cosas, y el Padre celestial sabe que ustedes las necesitan. [33] Más bien, busquen primeramente el reino de Dios y su justicia, y todas estas cosas les serán añadidas. [34] Por lo tanto, no se preocupen por el mañana, porque el mañana se preocupará de sí mismo. Cada día tiene bastante con sus propios problemas.

7 "No juzguen, para que no sean juzgados. [2] Porque con el mismo juicio con que juzgan, serán juzgados, y con la medida que usen, se les medirá.

[3] "¿Por qué miras la paja que está en el ojo de tu hermano y no te das cuenta de la viga que está en tu propio ojo? [4] ¿Cómo puedes decirle a tu hermano: 'Déjame sacar la paja de tu ojo', cuando tú tienes una viga en el tuyo? [5] ¡Hipócrita! Saca primero la viga de tu propio ojo, y entonces verás con claridad para sacar la paja del ojo de tu hermano.

[6] No den lo sagrado a los perros, ni arrojen sus perlas a los cerdos. Si lo hacen, los pisotearán y luego se volverán contra ustedes y los despedazarán.

[7] "Pidan, y se les dará; busquen, y encontrarán; llamen, y se les abrirá la puerta. [8] Porque todo el que pide recibe; el que busca encuentra; y al que llama, se le abrirá la puerta.

[9] "¿Quién de ustedes, si su hijo le pide pan, le dará una piedra? [10] ¿O si le pide un pescado, le dará una serpiente? [11] Pues si ustedes, que son

malos, saben dar cosas buenas a sus hijos, ¿cuánto más su Padre que está en los cielos dará cosas buenas a los que le pidan? [12] Así que en todo, hagan a los demás lo que quieran que les hagan a ustedes, porque esto resume la Ley y los Profetas.

[13] "Entren por la puerta estrecha, porque ancha es la puerta y espacioso el camino que lleva a la perdición, y muchos entran por ella. [14] Pero pequeña es la puerta y estrecho el camino que lleva a la vida, y solo unos pocos la encuentran.

[15] "Cuídense de los falsos profetas. Vienen a ustedes disfrazados de ovejas, pero por dentro son lobos feroces. [16] Por sus frutos los reconocerán. ¿Acaso se recogen uvas de los espinos, o higos de los cardos? [17] Del mismo modo, todo buen árbol da buenos frutos, pero un árbol malo da frutos malos. [18] Un buen árbol no puede dar frutos malos, ni un árbol malo puede dar frutos buenos. [19] Todo árbol que no da buen fruto se corta y se arroja al fuego. [20] Así que, por sus frutos los reconocerán.

[21] "No todo el que me dice: 'Señor, Señor', entrará en el reino de los cielos, sino solo el que hace la voluntad de mi Padre que está en los cielos. [22] Muchos me dirán en aquel día: 'Señor, Señor, ¿no profetizamos en tu nombre y en tu nombre expulsamos demonios e hicimos muchos milagros?' [23] Entonces les diré claramente: 'Nunca los conocí. ¡Aléjense de mí, hacedores de maldad!'

[24] "Por lo tanto, todo el que escucha estas palabras mías y las pone en práctica es como un hombre sabio que construyó su casa sobre la roca. [25] Cayó la lluvia, vinieron los torrentes, soplaron los vientos y golpearon

aquella casa; con todo, la casa no se derrumbó porque estaba cimentada sobre la roca. [26] Pero todo el que oye estas palabras mías y no las pone en práctica es como un hombre insensato que construyó su casa sobre la arena. [27] Cayó la lluvia, vinieron los torrentes, soplaron los vientos y azotaron aquella casa; y esta se derrumbó estrepitosamente. [28] Cuando Jesús terminó de decir estas cosas, las multitudes se asombraron de su enseñanza, porque les enseñaba como quien tiene autoridad, y no como los maestros de la ley.

Preparación para la Enseñanza

Probablemente, has escuchado o leído esta sección de las enseñanzas de Jesús antes, o al menos parte de ella. Muchas frases famosas se han extraído de estas enseñanzas, a menudo referidas como El Sermón del Monte. Quizás estás acostumbrado a adorar en edificios de iglesias y a escuchar sermones; podrías pensar que esto no se parece en nada a los sermones que has escuchado de un predicador moderno. Puede ayudarte saber que Jesús enseñaba de maneras que los rabinos a menudo lo hacían; por ejemplo, los rabinos solían sentarse cuando enseñaban a sus discípulos. Pero no estamos utilizando nuestro microscopio para comprender la forma de la enseñanza de Jesús. Queremos examinar lo que Él enseñó a sus discípulos sobre seguirle y comparar lo que aprendemos con lo que vemos que las personas están viviendo. Especialmente queremos ver cómo nuestras vidas como discípulos se comparan con lo que Jesús ha enseñado.

No veremos toda la sección de la enseñanza en un solo pedazo. Si hiciéramos eso, nos atragantaríamos como personas que toman un bocado demasiado grande de comida. Tampoco la veremos verso por verso; si lo hiciéramos, probablemente perderías interés, y este libro se convertiría en volúmenes de libros. Lo que propongo es darte ideas sobre secciones de la enseñanza que sean manejables y que puedan equiparte para una mirada más cercana y detallada por tu cuenta.

Tómate un tiempo para leer toda la sección de la enseñanza al menos una vez, más si lo deseas. No tenemos prisa, así que léelo tantas veces como quieras o necesites para familiarizarte con ella. He puesto toda la sección en estas páginas para ese propósito, para que puedas volver y revisarla mientras avanzamos. Cuando estés listo, vuelve aquí, y comenzaremos.

El hilo que atraviesa al leer, habrás notado algunas enseñanzas difíciles sobre dos grupos de personas que eran muy poderosos y prominentes en Israel: los fariseos y los maestros de la ley. Estos eran los líderes religiosos de Israel, muy parecidos a los predicadores y pastores en nuestra sociedad. Notaste que todo lo que Jesús dijo sobre ellos en sus enseñanzas fue negativo. No era un admirador de ellos.

Permíteme llevarte de vuelta a algunas de las cosas que Él dijo sobre esas personas. Jesús los acusó de no practicar ni enseñar toda la Ley y los Profetas (la Biblia de Israel). También les dijo a los discípulos y a las personas que querían estar en su reino que para siquiera entrar en el reino, tenían que alcanzar un nivel de justicia que superara lo que veían o escuchaban de los fariseos y maestros de la ley. Jesús aparentemente no veía que muchos de ellos siquiera entraran en el reino de los cielos.

Instruyó a la gente y a sus discípulos a mirar en cambio al Padre en el cielo como su modelo a seguir; él es el modelo perfecto.

Escuchaste varias veces de Jesús: "Oísteis que se dijo... pero yo os digo". Eso era Jesús contrastando sus enseñanzas con lo que los fariseos y maestros de la ley estaban enseñando a los israelitas. Algunas de sus enseñanzas eran incorrectas porque no entendían el corazón de la Ley y los Profetas. A veces estaban equivocados porque insertaban aplicaciones que no estaban en las Escrituras, pero sus aplicaciones encajaban en su zona de confort.

Al final de esta sección de las enseñanzas de Jesús, lo escuchaste hablar sobre lobos con piel de oveja y árboles con malos frutos. También lo escuchaste hablar sobre personas que lo llamarían Señor y que se llamarían a sí mismos seguidores porque eran bastante buenos en hacer cosas religiosas. ¿Qué dijo Jesús que sería su recompensa? Fuego. Rechazo total de Jesús. Si has entendido esto como un juicio severo de Jesús sobre los fariseos y maestros de la ley, has entendido correctamente.

Incluso esa multitud inicial y esos primeros discípulos entendieron. Vieron la diferencia entre las enseñanzas de Jesús y sus líderes religiosos. Reconocieron incluso entonces quién tenía la verdadera autoridad.

Ver este hilo es fundamental, pero es solo lo primero que necesitas hacer. Ahora necesitas comparar. Puedes comparar a los líderes religiosos de hoy con esos fariseos y maestros de la ley. Quizás identifiques lobos modernos con piel de oveja. Si lo haces, ahora sabes evitarlos. No todos los que se erigen como líderes religiosos, incluso aquellos que llaman a Jesús su Señor, son necesariamente sus seguidores. Jesús dijo que, si miras lo suficientemente cerca, podrás darte cuenta porque verás malos frutos en sus vidas y ministerios.

Puedes llevar tus comparaciones más allá. Si tienes un trasfondo religioso o continúas en tu tradición de fe, puedes encontrarte en el camino de los fariseos en lugar del camino que Jesús estableció. Cuando seguimos al líder equivocado, adoptamos sus cualidades, sus valores, sus actitudes, no las de Jesús. Podemos encontrarnos en el lado equivocado de la evaluación de Jesús. Incluso hoy, hay voces que compiten con Jesús. Esas voces pueden ser líderes de la iglesia, como predicadores, pastores o sacerdotes. Todo aspirante a discípulo tiene la responsabilidad de asegurarse de que tales personas realmente sigan a Jesús.

¿Cómo descubro si estoy en peligro aquí? ¿Cómo me mantengo en guardia y aún conservo el corazón y la mente de un discípulo que está dispuesto a aprender cosas nuevas? Una buena manera de hacerlo es simplemente pasar tiempo con las enseñanzas de Jesús, sin intermediarios. Medita en ellas, familiarízate con ellas. Ora sobre ellas. Estás en la fuente de la verdad cuando haces esto, y pueden suceder cosas buenas.

Luego considera cómo las enseñanzas de Jesús te impactaron mientras las leías. ¿Te retiraste o luchaste con alguna, tal vez varias? ¿Te encontraste descartando alguna enseñanza? ¿Te encontraste fuera de sintonía con Jesús en alguna parte? Si lo hiciste, escribe las enseñanzas con las que te sentiste incómodo. Luego tómate un tiempo para reflexionar sobre lo que has escuchado de quien te llevó por un camino diferente. Es posible que hayas estado escuchando la voz equivocada. Si es así, tienes algo que evaluar y algunas decisiones difíciles por delante. Puedes elegir cambiar y realmente seguir a Jesús, o puedes elegir mantener tu curso. La última opción no terminará bien para ti. Tú decides, al igual que cualquiera que quiera seguir a Jesús. Desafortunadamente, las decisiones correctas no siempre son las decisiones fáciles.

Gente del reino y valores del reino (5:3-12)

Entremos ahora en las enseñanzas de Jesús. Jesús comenzó sus enseñanzas con las Bienaventuranzas, una serie de declaraciones que redefinieron quién es verdaderamente bendecido en el reino de Dios. Estas fueron radicales en el contexto judío del primer siglo, desafiando las normas sociales y las expectativas religiosas de quién se consideraba justo y favorecido por Dios. Estas bienaventuranzas nos dan una ventana a los valores que el Rey busca en sus seguidores. No son valores que generalmente sean promovidos por la sociedad o la cultura. Desde el principio, Jesús quiere que aquellos que desean ser sus discípulos sepan que estarán siguiendo a un líder que va a poner el mundo patas arriba. Quizás estas declaraciones no fueron pensadas por Jesús para ser completamente entendidas, sino para preparar a los seguidores para ser radicalmente diferentes de sus círculos sociales y culturales.

Debemos asegurarnos de no pasar por alto en cuál bienaventuranza Jesús profundizó. No fue suficiente para Jesús simplemente resaltar el valor de sufrir voluntariamente por el reino; se centró en ese valor.

¿Quieres ser un discípulo? ¿Te das cuenta de que eso significa sufrir a muchos niveles? ¿Estás listo para inscribirte en eso?

Quizás esto nos haga detenernos, y con razón. Si Jesús nos va a dar bendiciones, ¿por qué no inscribirnos para eso? Pero si seguir a Jesús nos traerá odio y persecución, ¿por qué inscribirnos para eso? Si tu idea de seguir a Jesús es alguna forma de cristianismo cómodo, entonces Jesús ya está desafiando tu pensamiento. Irá aún más lejos con esto en otras secciones de su enseñanza. Para Jesús, la idea de que sus discípulos sufran no es una posibilidad. Es una certeza. ¿Seguirás a Jesús por ese camino?

Es posible que vivas en un lugar donde el único precio que has tenido que pagar por seguir a Jesús es perder algo de sueño matutino para que puedas estar a tiempo para ir a una hora de adoración. Podría ser que los principales sacrificios para ser un discípulo hoy no son realmente sacrificios.

Donde el caucho se encuentra con el camino (5:17-6:34)

Es una cosa hablar en términos vagos o teóricos. Si quieres atraer grandes multitudes y ganar muchos seguidores, la práctica habitual es evitar ser directo; no digas nada que pueda ofender o que después tengas que retractarte. Nadie le dijo eso a Jesús. Él quería seguidores, pero quería que siguieran valores que no estuvieran envueltos en retórica confusa. Sus seguidores no podían vivir sus valores si no los conocían, así que él los expuso claramente para que todos los escucharan.

Primero, hizo saber a esos posibles discípulos que sus enseñanzas eran simplemente una continuación de lo que el Padre celestial ya había establecido. Sin embargo, sus enseñanzas llegarían hasta el corazón y no se detendrían en tradiciones, zonas de confort o preferencias culturales. Trazó una línea en la arena que definía un cambio significativo entre él y los líderes religiosos de ese pueblo. Ellos habían malinterpretado tanto las enseñanzas del Padre celestial que ni siquiera entrarían en el reino. Quien quisiera entrar al reino tenía que ir mucho más allá de las enseñanzas de los líderes religiosos y seguir las enseñanzas de Jesús. Él elevó el nivel más alto de lo que nadie jamás había visto.

Luego, Jesús pasó a tocar seis áreas de la vida donde los líderes religiosos habían puesto el listón demasiado bajo: la ira, la lujuria, el menosprecio del matrimonio, no cumplir la palabra, la venganza y el trato a los enemigos. No creas que Jesús eligió estos seis temas al azar. Él había visto cómo vivía la gente. Había escuchado cómo les habían enseñado en sus asambleas religiosas. Sabía cuándo y cómo torcerían las enseñanzas de Dios para adaptarlas a sus intereses.

La norma era trazar la línea en el asesinato; Jesús trazó la línea en la ira y llamó a sus discípulos a poner la reconciliación en la parte superior de su lista de tareas. La norma era trazar la línea en que los hombres casados se escondieran para acostarse con otras mujeres; Jesús trazó la línea en solo pensarlo y fantasear con ello, llamando a los hombres a honrar a sus esposas. La norma trazaba la línea en divorciar a las esposas por razones triviales y ponerlas en situaciones de romper el pacto ellas mismas; Jesús trazó la línea en honrar los pactos matrimoniales y trabajar en los problemas. La norma era trazar la línea en cumplir la palabra solo si se había hecho un voto vinculante; Jesús trazó la línea en ser honestos y francos, cumpliendo la palabra sin importar cuánto costara. La norma era trazar la línea de la venganza en no causar más daño del que se había recibido; Jesús trazó la línea en perdonar a otros cuando se les hacía daño y aun así ayudar a quienes los habían ofendido. La norma trazaba la línea del amor para no ir más allá de quienes te agradaban y alentaba el odio a los enemigos. Jesús no trazó ninguna línea cuando se trataba de amor; enseñó a amar a todos, incluso a los enemigos.

Cuando Jesús terminó estas seis enseñanzas, las selló con el estándar más alto: pon tus ojos en el Padre celestial y trata de ser como él. No te conformes con lo que los líderes religiosos te han estado enseñando. No vivas más como las personas a tu alrededor, sin importar cuántos rabinos y maestros te apoyen; vive por encima del mundo y vive los valores de Dios.

¿Cuántos de esos posibles discípulos habían estado en el lado equivocado de alguna situación donde fueron quemados por los valores culturales? Estas palabras de Jesús fueron emocionantes y pusieron sus mentes a correr; ¿cómo podría ser la vida para ellos si fueran seguidores de Jesús y vivieran según sus valores? Seguramente también reflexionaron cuando habían estado en el lado correcto de los valores culturales y salieron perdiendo. Las palabras de Jesús debían convencerlos y desafiarlos. ¿Era posible vivir a la altura de un estándar tan alto en una cultura rota? ¿Podría alguien realmente vivir los valores de Dios en medio de personas que solo se preocupan por sí mismas y los suyos? Jesús creía que sus discípulos podían.

Tomemos un momento para comparar nuestras vidas ahora con las enseñanzas de aquel a quien decimos seguir. ¿Creemos que podemos vivir a la altura del estándar que Jesús estableció para sus seguidores? Si queremos llamarnos discípulos, ¿pondremos nuestros ojos en Dios y no en la gente? A lo largo de los años, he conocido a muchos predicadores piadosos y he sido bendecido por ellos. También he conocido a otro tipo. Conocí a un predicador en un momento de mi vida que contrataba guardaespaldas para protegerlo; también se sabía que dormía con las mujeres de la iglesia donde predicaba. Probablemente había una conexión entre estos dos aspectos de su vida. Conocí a un hombre casado al que le encantaba estar en el centro de atención en una iglesia mientras vivía con otra mujer cuando su trabajo lo enviaba fuera de la ciudad. Conocí una iglesia que amaba tener a una mujer como miembro porque era una cantante tan poderosa y hermosa, mientras cerraban los ojos ante su convivencia con un hombre con quien no estaba casada y tener un hijo con él. ¿Te suena familiar alguna de estas cosas?

Ha habido iglesias donde el color de la piel de una persona les impedía ser aceptados para adorar allí. He estado en iglesias donde la ira y el juicio rompieron amistades y llevaron a insultos, disensiones y divisiones. He estado en iglesias donde la comodidad estaba tan arraigada en el ADN espiritual de la gente que el sacrificio y soportar la persecución eran impensables y evitados a toda costa. He visto personas que se llamaban seguidores de Jesús que se parecían tanto a su cultura que ser como Jesús se convirtió en poco más que ser una buena persona. ¿También lo has experimentado?

Tal vez mi experiencia sea limitada y no representativa de la realidad. O tal vez mis experiencias sean solo la punta de un desagradable iceberg. No es mi lugar ni mi papel juzgar a otros, no sea que me vuelva culpable de no seguir a Jesús yo mismo por un espíritu crítico. Mi papel es simplemente señalar comparaciones para que podamos hacer los cambios que deben hacerse. Si nos damos cuenta de que de alguna manera hemos terminado en el camino equivocado, podemos encontrar el camino correcto y seguirlo.

Tú y yo podríamos pensar que Jesús ya había dicho suficiente en este punto de sus enseñanzas y podríamos querer un respiro. Si necesitas pausar un poco para asimilar estas enseñanzas, adelante, hazlo. Reflexiona y ora sobre lo que te desafía, pero no te detengas. Asegúrate de regresar y escuchar todas las enseñanzas de Jesús. Aférrate a la verdad de que seguir a Jesús es donde encontrarás la vida del reino.

Cuando estés listo para continuar, consideraremos cómo Jesús desafió uno de los valores sagrados de su cultura: el honor. El pueblo de Israel, especialmente los hombres, valoraban mucho el honor. Matthew Neyrey escribió sobre esto en su libro, Honor and Shame in Matthew's Gospel. Todos los hombres querían honor, por lo que utilizarían cualquier medio culturalmente aceptable que pudieran para conseguirlo. Si la gente los reconocía por hacer cosas honorables como dar a los pobres, orar y ayunar, o por algún otro medio, entonces obtendrían más honor.

Como resultado, la gente podría encontrarse tropezando con aquellos que oraban en voz alta y molesta en las esquinas de las calles. O podrían encontrarse siendo detenidos mientras se escuchaban trompetas cuando alguna persona en busca de honor sacaba unas monedas para dárselas a un mendigo. O podrían encontrarse cara a cara con su rabino, quien ese día vestía harapos porque quería que todos vieran su piedad mientras ayunaba. Todo era una farsa, un espectáculo montado por hombres que no buscaban más que ser honrados por las personas.

Puedes escuchar las voces de la gente: "¡Qué hombre piadoso!" "Oh, qué generoso fue nuestro rabino cuando le dio dinero a ese pobre mendigo. Probablemente el mendigo lo gastará mal, pero eso es asunto suyo. Nuestro rabino no puede hacer más de lo que hizo. Qué hombre piadoso". "¿Viste a nuestro rabino ayer y escuchaste su hermosa oración en el mercado? Tan poderosa y humilde al mismo tiempo". "Vaya, nuestro pobre rabino estaba terriblemente afligido el otro día. No sé qué lo estaba preocupando, pero tenía que ser algo grave para que estuviera vestido con esas ropas sucias y destrozadas. Así no se viste para la sinagoga en el sábado, gracias a Dios. Bueno, al menos dejó claro su punto, y espero que la gente estuviera mirando y aprendiendo".

Jesús lo criticó por lo que era. Avisó a sus posibles discípulos que el Padre celestial no honraría tal comportamiento. Valoraba lo que no se veía, lo que realmente estaba en el corazón de uno, donde reside la verdadera motivación detrás de tales actos. Él podía ver cuáles eran las recompensas y los tesoros que la gente realmente deseaba. Usar las necesidades de otros para elevarse a uno mismo o usar el acto de humillarse ante Dios como un peldaño para avanzar en la sociedad estaba completamente fuera de lugar para.

¿Cómo abordó Jesús eso? ¿Había un mensaje para los ricos, que podían moderar su búsqueda y aún así comer por la noche en casas cálidas? ¿Había otro mensaje para los pobres y sin hogar, o casi sin hogar, que quizás estaban a solo unas monedas de morir de hambre? No, Jesús tenía el mismo mensaje para ambos: dejen de vivir como personas que no confían en Dios. Si dicen que confían en Dios, entonces confíen en él. Comprométanse a vivir según sus valores y confíen en que él suplirá sus necesidades. Él lo hará. Si necesitan pruebas, miren a los pájaros y las flores. Su Padre proveerá sus necesidades diarias; no dejen que sus preocupaciones por el mañana los consuman hoy.

Las enseñanzas de Jesús sobre el dinero presentan desafíos significativos. Al igual que los primeros discípulos, los lectores modernos pueden luchar con el llamado radical a confiar en la provisión de Dios en lugar de la riqueza mundana. Confiar en Dios con la religión es una cosa; confiar en él con las cuentas y las necesidades diarias es un nivel mucho más alto de confianza. ¿Podemos hacer eso? Si es así, ¿cómo se vería eso?

Las personas sienten presión financiera para cubrir dos necesidades: las de hoy y las de mañana. Es fácil volverse ansioso por cualquiera de las dos. La preocupación constante por ambas puede dominar la vida de una persona y ser una fuente constante de ansiedad. Esta ansiedad puede llevar a una búsqueda interminable del dinero, revelando que el dinero se ha convertido en un amo cruel o un dios para la persona. Jesús ofrece liberación de tal servidumbre.

¿Cómo puede un discípulo aplicar las enseñanzas de Jesús para que la ansiedad no aumente por preocupaciones financieras y el dinero no se convierta en un dios? Dos puntos de vista vienen a mi mente; ambos han sido vividos por personas que desean ser discípulos. Un punto de vista promueve la planificación financiera, ahorrar dinero de manera responsable y planificar para la jubilación. El dinero no es un dios, sino una necesidad que debe ser pensada y presupuestada responsablemente. Esto permitirá al discípulo vivir sin ansiedad financiera y usar el dinero no solo para pagar las cuentas, sino también para bendecir a otros. Hay muchos creyentes que se suscriben a este punto de vista.

El otro punto de vista promueve una mayor dependencia de Dios, de tal manera que uno no reserva dinero para la jubilación. En cambio, un discípulo depende más de las provisiones de Dios para las necesidades de hoy; este discípulo confía en que cuando el mañana se convierta en hoy, Dios proveerá para esas necesidades también. Este punto de vista parece extremadamente radical para muchos discípulos actuales. Quizás uno de los ejemplos más notables de vivir según este punto de vista fue un discípulo, George Mueller, que vivió en los 1800 a principios de los 1900. Nunca le pidió dinero a nadie, ni como ministro, ni siquiera cuando él y su esposa se encargaron de cuidar huérfanos o de apoyar a misioneros en todo el mundo. Un vistazo a su vida revela que él y los que se unieron a él cuidaron de diez mil huérfanos en su vida, proporcionando vivienda, ropa, comida y todas las necesidades. Nunca pidieron dinero a nadie, solo le pedían a Dios que supliera sus necesidades. Ninguna necesidad quedó sin satisfacer. George Mueller llevó un registro de quince mil oraciones contestadas durante su vida; cinco mil fueron contestadas el mismo día que las oraciones se elevaron. Vale la pena leer la historia de su vida.

Ambos puntos de vista tienen sus defensores. El segundo es definitivamente más desafiante, pero también ofrece una mayor oportunidad de experimentar a Dios porque el discípulo puede ver cómo Dios cubre las necesidades diarias, tal como Jesús dijo que lo haría. Cualquiera que sea el punto de vista que uno tenga sobre el dinero, Jesús informa a sus discípulos que el dinero no puede ser su amo. Cada discípulo tiene que encontrar una manera que siga al maestro en esta parte de la vida.

Todo se resume en esto (Mateo 7:1-12)

Cuando las personas practican la religión comparándose con los demás, en última instancia se terminan juzgando unos a otros. ¿Quién está haciendo mejor en ser religioso? ¿Quién es visto por otros como alguien que lo está haciendo bien? ¿Y quién está fallando miserablemente cuando piensan que nadie los está mirando? La única manera para que alguien en ese ciclo se sienta bien consigo mismo es ver a los demás como que lo están haciendo peor. "Bueno, al menos no soy tan malo como…"

Jesús no expuso sus enseñanzas para que sus discípulos siguieran caminando como lo habían hecho en su camino anterior. Para evitar eso, resume sus enseñanzas con algunos buenos consejos. Nuevamente, Jesús enseñó una visión radical que produce una transformación radical.

Primero, simplemente no juzgues a los demás. Date cuenta de que tú también te estás equivocando, así que sé lo suficientemente humilde como para ver tu necesidad de cambiar y trabajar en ello. Cuando hayas descubierto cómo caminar por el camino de un discípulo, entonces podrás ayudar a la otra persona. Así que mantente alejado de juzgar.

Segundo, no confíes en perros y cerdos para ayudarte a ser un discípulo. Esta es una enseñanza desconcertante, pero eso es lo que Jesús dijo, así que tomemos un tiempo para entender sus palabras. Recuerda, su mensaje era instruir a los que serían seguidores sobre cómo ser verdaderamente seguidores. ¿Qué tiene eso que ver con perros y cerdos? Los judíos tenían el hábito de menospreciar a las personas que no eran judías. Las consideraban no mejores que perros. De hecho, las llamaban perros. Los no judíos (gentiles) también eran personas que no tenían problema en criar y comer cerdos. ¡Esos gentiles eran cerdos incultos! Conecta los puntos: Jesús está instruyendo a sus seguidores a no mirar a la cultura pagana para ayudarles a entender los principios de vivir como su seguidor. Los paganos no entenderían por qué los seguidores de Jesús siquiera intentarían vivir por esos valores: de hecho, no solo no entenderían, sino que los paganos incluso usarían esos valores en contra de sus discípulos.

Una ilustración de esto se puede tomar de la enseñanza de Jesús acerca de poner la otra mejilla. Supongamos que un discípulo fue a un arrendador romano e informó que estaba corto de dinero y necesitaba una extensión. El discípulo basó su esperanza en que el arrendador fuera comprensivo y misericordioso. Sin embargo, el arrendador sabía que su inquilino era un seguidor de Jesús y, en lugar de ayudar, vio la oportunidad de no solo insultarlo y burlarse de él, sino también de demandarlo. No solo desalojaría a su inquilino, sino que también tomaría cualquier posesión valiosa que tuviera. El discípulo puso su confianza en el lugar equivocado.

¿Dónde debería el discípulo poner su confianza? En el Padre celestial. Él cuidará de sus hijos. Le encanta hacer eso, por lo que el discípulo debe acudir a Dios y pedirle. Él comparte los valores del discípulo porque son sus valores. Esta perspectiva libera a los discípulos para vivir como Jesús les ha instruido; en otras palabras, hacer a los demás como querrían que los demás les hicieran a ellos. Eso resume bastante lo que Jesús llamó a sus discípulos a hacer.

¿Podemos pensar en cómo hemos juzgado a otros para sentirnos mejor con nosotros mismos? ¿Podemos recordar momentos en los que confiamos en personas que no entendían los valores del reino para ayudarnos en nuestras luchas, solo para encontrarnos siendo utilizados o heridos por esas personas? Ambos problemas sufren el mismo defecto: personas que quieren ser seguidores apartan sus ojos del Padre y se enfocan en las personas. Eso nunca va a ser una receta para vivir con éxito como discípulo de Jesús. El camino que Jesús recorre es un camino difícil que nadie, aparte de Jesús, recorre perfectamente. Si vamos a caminar por un camino difícil, es necesario mantener nuestros ojos en aquel que lo recorrió con éxito y escuchar sus instrucciones sobre cómo recorrerlo.

Si aún tienes papel y bolígrafo a tu alcance, tómate un momento y escribe algunos nombres. Escribe los nombres de las personas que has conocido y que te han ayudado a seguir a Jesús cuando no fue fácil. Sonaban como Jesús, y los viste vivir sus enseñanzas cuando no era fácil para ellos. Estaban tan comprometidos con Jesús que vivir contra-culturalmente era su naturaleza, y lo hacían con alegría. Esta lista puede ayudarte a enfocarte en pasar tiempo con las personas correctas, personas que pueden ayudarte a mantener tus ojos en Jesús en un camino difícil.

Resumiendo todo (7:13-27)

Jesús cierra sus enseñanzas con un chequeo de la realidad y un llamado difícil seguido de tres ilustraciones. Su llamado difícil: desviarse de la norma e ir contra la cultura. Este llamado inspirará a algunos, pero la mayoría de las personas se apegarán al status quo, incluso si les cuesta la vida, y así será. ¿Por qué? Porque es más fácil ir con la multitud, y más preferible que la multitud se vuelva contra ti. Así que Jesús básicamente informa a sus posibles seguidores que se encontrarán con pocos compañeros en este camino menos transitado.

Luego Jesús dio tres ilustraciones para llevar su mensaje a casa: lobos con piel de oveja; árboles malos/árboles buenos; un hombre sabio/un hombre necio. Estas ilustraciones son usadas por Jesús para enfatizar algunas verdades. Los lobos, los árboles malos y el hombre necio terminarán en el mismo lugar. Serán rechazados por Jesús porque no hicieron lo que Jesús enseñó. Pueden haber escuchado sus palabras y estado de acuerdo, pero no las pusieron en práctica. Eso puede ser reconocido por todos los que vean sus vidas; seguramente sería reconocido por Jesús.

Sin embargo, aquellos que escucharon las enseñanzas de Jesús y realmente vivieron según ellas serían vistos como verdaderos seguidores, y serían recibidos por Jesús. También encontrarían que sus vidas resistirían las tormentas de la vida porque sus vidas estaban construidas sobre la sólida base de las enseñanzas de Jesús.

¿Dónde nos encontramos en estas ilustraciones?

Chequeo del Cinturón de Seguridad

¿Te has sentido abrumado por las enseñanzas de Jesús o piensas que no hay manera de cumplir con el llamado de ser discípulo de Jesús? Si es así, es comprensible. Nos resulta difícil imitar a personas que consideramos buenos modelos a seguir; ¿cómo podríamos imitar a Dios? Podemos pensar que Jesús ha puesto el listón demasiado alto. Si encontramos en nosotros el valor para al menos intentarlo, ¿cuánto tiempo imaginamos que pasará antes de que fracasemos, y fracasemos miserablemente? ¿Cuántas veces fracasaremos antes de rendirnos por frustración? Puede volverse cada vez más tentador abandonar a Jesús con cada fracaso. ¿Cómo nos mantenemos sujetos?

Te ofrezco dos pensamientos reconfortantes y alentadores. Necesitarás ambos si vas a seguir a Jesús:

Dios proporciona ayuda especial, una ayuda fuera de este mundo, a todos los que eligen seguir a Jesús. Cuando alguien se compromete a dar su vida a Jesús en el bautismo, Dios se traslada a esa persona en la presencia de Su Espíritu Santo (Hechos 2:28; 1 Corintios 3:16). El Espíritu vive en ellos para transformarlos desde adentro hacia afuera (Gálatas 5:22-25), ayudándolos a convertirse en más de lo que podrían ser por sí mismos y ayudándolos a liberarse de lo que eran (Gálatas 5:19-21).

Hay tres textos que hablan de cómo la gracia de Dios cubre nuestras fallas como discípulos de manera completa y continua (Romanos 6; Hebreos 10:5-14; 1 Juan 1:5-10). Dios sabía que no podríamos ser perfectos como Él es. Sabía que fracasaríamos, una y otra vez. Sin embargo, si seguimos caminando por el camino de un seguidor de Jesús, Él se asegurará de que no seamos echados fuera del camino. Él nos mantendrá limpios para que Él nos vea como perfectos, aunque no lo seamos; y si Él nos ve como perfectos, lo somos.

¿Te sientes animado a mantenerte firme y seguir a Jesús? Espero que sí. La tragedia no es cuando fallamos; la tragedia es cuando ni siquiera llegamos al mismo camino que Jesús. Así que escucha a Jesús y acepta Su llamado a caminar un camino difícil. Él te ayudará a tener éxito, y con Su ayuda, tendrás éxito.

Mateo 10
Segundo Bloque de Enseñanzas

10 Jesús llamó a sus doce discípulos y les dio autoridad para expulsar espíritus impuros y para sanar toda enfermedad y dolencia.

[2] Estos son los nombres de los doce apóstoles: primero, Simón (llamado Pedro) y su hermano Andrés; Jacobo, hijo de Zebedeo, y su hermano Juan; [3] Felipe y Bartolomé; Tomás y Mateo el recaudador de impuestos; Jacobo, hijo de Alfeo, y Tadeo; [4] Simón el Zelote y Judas Iscariote, el que lo traicionó.

[5] Estos doce Jesús los envió con las siguientes instrucciones: "No vayan entre los gentiles ni entren en ninguna ciudad de los samaritanos. [6] Más bien, vayan a las ovejas perdidas de Israel. [7] Mientras vayan, proclamen este mensaje: 'El reino de los cielos se ha acercado.' [8] Sanen a los enfermos, resuciten a los muertos, limpien a los leprosos, echen fuera a los demonios. De gracia recibieron; den de gracia.

[9] "No lleven oro, ni plata, ni cobre en sus cintos—[10]ni bolsa para el camino, ni dos camisas, ni sandalias, ni bastón, porque el trabajador es digno de su comida. [11] En cualquier ciudad o aldea a la que entren, busquen a alguien digno y quédense en su casa hasta que se vayan. [12] Al entrar en la casa, salúdenla. [13] Si la casa es digna, dejen que su paz repose sobre ella; si no es digna, que su paz regrese a ustedes. [14] Si alguien no los recibe ni escucha sus palabras, salgan de esa casa o ciudad y sacudan el polvo de sus pies. [15] Ciertamente les digo que será más tolerable para Sodoma y Gomorra en el día del juicio que para esa ciudad.

[16] "Yo los envío como ovejas en medio de lobos. Por lo tanto, sean astutos como las serpientes y sencillos como las palomas. [17] Estén alerta; los entregarán a los concilios y los azotarán en las sinagogas. [18] Por causa mía, los llevarán ante gobernadores y reyes como testigos para ellos y para los gentiles. [19] Pero cuando los entreguen, no se preocupen por cómo o qué hablarán, porque en esa hora se les dará lo que hablarán, [20] pues no serán ustedes los que hablen, sino el Espíritu de su Padre que hablará en ustedes.

[21] "El hermano entregará a su hermano a la muerte, y el padre a su hijo; los hijos se levantarán contra sus padres y los harán morir. [22] Y serán odiados por todos a causa de mi nombre, pero el que persevere hasta el fin, será salvo. [23] Cuando los persigan en una ciudad, huyan a otra. Ciertamente les digo que no terminarán de recorrer las ciudades de Israel antes de que venga el Hijo del Hombre.

[24] "El discípulo no es más que su maestro, ni el siervo más que su señor. [25] Basta con que el discípulo sea como su maestro, y el siervo como su señor. Si al jefe de la casa lo han llamado Beelzebú, ¿cuánto más a los miembros de su casa?

[26] "Así que no los teman; porque nada hay encubierto que no haya de ser revelado, ni oculto que no haya de ser conocido. [27] Lo que les digo en la oscuridad, díganlo en la luz; y lo que se les susurra al oído, anúncienlo desde las azoteas. [28] No teman a los que matan el cuerpo, pero no pueden matar el alma. Más bien teman a Aquel que puede destruir tanto el alma como el cuerpo en el infierno. [29] ¿No se venden dos gorriones por un cuarto? Sin embargo, ni uno de ellos cae a tierra sin

el consentimiento de su Padre. [30] Y hasta los cabellos de su cabeza están contados. [31] Así que no teman; valen más que muchos gorriones.

[32] "Todo el que me confiese delante de los hombres, yo también lo confesaré delante de mi Padre que está en los cielos. [33] Pero el que me niegue delante de los hombres, yo también lo negaré delante de mi Padre que está en los cielos.

[34] "No piensen que he venido para traer paz a la tierra. No he venido para traer paz, sino espada. [35] Porque he venido a poner en disensión 'al hombre contra su padre, a la hija contra su madre, a la nuera contra su suegra— [36] los enemigos del hombre serán los de su propia casa.'

[37] "El que ama a padre o madre más que a mí, no es digno de mí; y el que ama a hijo o hija más que a mí, no es digno de mí. [38] Y el que no toma su cruz y sigue en pos de mí, no es digno de mí. [39] El que haya hallado su vida, la perderá; y el que haya perdido su vida por causa de mí, la hallará.

[40] "El que los recibe a ustedes, me recibe a mí; y el que me recibe a mí, recibe al que me envió. [41] El que recibe a un profeta en calidad de profeta, recibirá recompensa de profeta; y el que recibe a un justo en calidad de justo, recibirá recompensa de justo. [42] Y cualquiera que dé a uno de estos pequeñitos, aunque solo sea un vaso de agua fría, por cuanto es mi discípulo, de cierto les digo que no perderá su recompensa.

Preparación para la Enseñanza

A medida que avances en las enseñanzas de Jesús, percibes que Él realmente te está llamando a una vida diferente. Él está haciendo más que simplemente atraerte a algún servicio de adoración en la iglesia. Puedes estar sintiendo que seguir a Jesús por el mismo camino que Él caminó va a volcar tu mundo al revés—todos los siete días de la semana. Viaja por el camino el tiempo suficiente y aprenderás que este camino conduce a una experiencia de vida enormemente superior a la que podrías haber encontrado en cualquier otro camino. A medida que entramos en el segundo bloque de enseñanzas de Jesús, esta es una verdad que quieres recordar.

El contexto para este bloque de enseñanzas involucra la preparación de Jesús para enviar a sus seguidores en una misión. Envía a doce hombres con instrucciones específicas sobre lo que quiere que hagan, cómo hacerlo, qué esperar y cómo responder. A medida que leemos estas enseñanzas y las consideramos, necesitamos hacerlo con ojos y oídos frescos. También somos enviados en una misión, por el mismo camino, así que necesitamos ver lo que Jesús quiere que veamos y oír lo que Él quiere que oigamos. Debemos dejar de lado cualquier idea preconcebida sobre lo que creemos que está en estas enseñanzas, y debemos dejar de lado nuestras reservas y temores. Por ahora, sólo escuchamos a Jesús y permitimos que Sus palabras llenen nuestras mentes y corazones.

Antes de sumergirnos en las enseñanzas propiamente dichas, vale la pena notar los eventos que precedieron a las instrucciones. Jesús y sus discípulos habían estado viajando por Galilea, y Jesús se sorprendió por dos cosas: cuánto necesitaban las personas el mensaje del reino de los cielos y cuán dispuestas estaban a escucharlo y responder a él. Así que pidió a los que lo seguían que pidieran ayuda a Dios para traer a esas personas al reino: pedir al Padre que envíe trabajadores para recoger esta cosecha. Supongo que esos discípulos empezaron a orar por eso. Luego Jesús hizo algo muy inesperado: eligió a doce de ellos para ser Sus primeros trabajadores, Sus primeros discípulos. En esencia, les dijo a esos doce que iban a ser la primera respuesta de Dios a la oración. Debemos tener esto en cuenta cuando oremos, porque Dios puede responder a nuestra oración usándonos como la respuesta inicial. Prepárate para eso.

Ahora permítete el tiempo suficiente para leer toda la sección de enseñanza de una vez. Empápate de cada palabra y deja que esas palabras te envuelvan. Deja que se asimilen para que sientas su impacto en tu vida. Toma nota de tus sentimientos a medida que estas enseñanzas se asimilan. Lee las enseñanzas tantas veces como necesites. Cuando estés listo, avanza.

El Hilo Que No Corre a Través

A medida que avanzamos, comenzamos enfocándonos no en lo que leíste, sino en lo que no leíste. Es posible que hayas captado algunos hilos de pensamiento que recorrían toda la enseñanza de Jesús. Sin embargo, tomemos un momento para notar algunos hilos que no viste: seguridad, protección contra el daño. Para los discípulos en ciertas culturas hoy en día, esto es desconcertante, por decir lo menos. Estos discípulos se han acostumbrado tanto a que estos conceptos sean parte de seguir a Jesús, que cualquier acción que no tenga estos componentes automáticamente se reemplaza por un Plan B seguro.

Me he dado cuenta de que para muchos discípulos en mi cultura, la seguridad se ha convertido en algo más que un deseo: se ha convertido en una necesidad. De hecho, se ha convertido en un dios. La seguridad dicta mucho de lo que muchos harán o no harán. ¿Cuántas obras del reino nunca se han iniciado porque la seguridad no estaba garantizada? En mi cultura, los corazones pueden moverse para hacer grandes e importantes obras del reino, pero esas mismas obras pueden ser alteradas radicalmente o nunca siquiera comenzar debido al miedo.

Recuerdo una vez que me preparaba para un viaje a una parte del mundo que no se consideraba segura—la frontera entre Texas y México. En el lado de México, los carteles de drogas operaban sin temor y sin oposición. Mi deseo era ir a la frontera y ver de primera mano la crisis que giraba en torno a los inmigrantes indocumentados que cruzaban la frontera. Sabía que necesitaba ir más allá de Texas y realmente cruzar a México para ver de primera mano lo que estaba sucediendo; sabía que eso me pondría en un lugar donde la seguridad no podría ser garantizada. Esto también era en un momento en que el cierre de la frontera era una posibilidad real. Podía cruzar y no poder regresar.

Mientras preparaba mi viaje, pedí a los pastores de mi iglesia que oraran por mí. Lo hicieron, y uno de los pastores lideró esa oración. Dos cosas aún permanecen en mi mente sobre su oración: oró para que no estuviera en peligro; oró para que ni siquiera tuviera que cruzar la frontera en mi viaje. Guiado por su razonamiento, nunca habría hecho el viaje. Después de la oración, agradecí respetuosamente al pastor por su oración y le pedí que nunca volviera a hacer tal oración por mí. Prefería que orara para que Dios me usara como necesitaba ser usado. Eso significaba más para mí que mi seguridad personal.

El camino seguro es parte de mi cultura, pero no es el camino para muchos discípulos en una gran parte de esta tierra. La seguridad no está en su vida diaria, especialmente cuando siguen a Jesús. Satanás tiene muchas fuerzas que usa para tratar de silenciar a los seguidores de Jesús. Los discípulos en estos lugares saben que no solo pueden ser perseguidos, encarcelados indefinidamente o asesinados, sino que lo mismo puede suceder con sus familias y cualquier persona que amen.

Hay un libro increíble que he leído varias veces, que te animo a leer—El Desvarío de Dios por Nik Ripken. Contiene relatos notables de seguidores de Jesús en lugares muy peligrosos. Aquí hay un comentario de un discípulo en Rusia:

"Para nosotros, la persecución es como el sol saliendo por el este. Sucede todo el tiempo. Es así como son las cosas. No hay nada inusual ni inesperado en ello. La persecución por nuestra fe siempre ha sido—y probablemente siempre será—una parte normal de la vida." (p. 161)

Mantén estas palabras en mente mientras consideramos las enseñanzas de Jesús en esta sección. Si la seguridad ha sido parte de tus expectativas y ha moldeado cómo sigues a Jesús, necesitas saber que otros están realmente caminando el camino aterrador y peligroso del que lees en esta sección de las enseñanzas de Jesús. Si otros discípulos pueden hacerlo, tú también puedes. Todos podemos; solo necesitamos mantener nuestros ojos en Jesús y confiar en Él. Más importante aún, necesitamos decidir qué es más precioso para nosotros: nuestra seguridad o seguir a Jesús. El camino en el que estamos no siempre nos llevará a ambos. Debemos preguntarnos, ¿dónde trazamos nuestra línea entre seguir a Jesús o estar seguros?

Discípulos Amados y Odiados (10:5-15)

Jesús mostró a sus seguidores dónde trazar la línea cuando envió a los primeros doce a hacer dos cosas básicas: atender las necesidades y dolores físicos de la gente, y proclamar un mensaje del reino. Imagina en tu mente las emociones notables que esos doce sintieron al escuchar las palabras de Jesús. Jesús realmente les dio a los discípulos el poder para hacer lo que él había estado haciendo. Habían visto a Jesús sanar a muchos; habían escuchado su enseñanza sobre el reino de los cielos. Esto debió ser asombroso y emocionante para ellos, así como para las multitudes. ¿Quién no querría ser elegido por Jesús para hacer estas cosas? Estaban a punto de convertirse en celebridades y héroes codiciados. Esos doce discípulos debieron estar ansiosos por empezar y hacer lo que vieron hacer a su maestro. Miraron por este camino y vieron cosas maravillosas sucediendo.

Quizás puedas imaginar cómo se sintieron esos doce discípulos al presenciar de primera mano los milagros que Jesús realizaba: ver a los ciegos recuperar la vista; ver a los cojos caminar de nuevo; ver a las personas liberadas del tormento de los demonios; o ver a los muertos resucitados. Quizás puedas imaginar cómo su presión arterial se elevaba con emoción y anticipación cuando Jesús les habló sobre la autoridad y el poder que les estaba dando para hacer las mismas cosas. Quizás incluso puedes visualizar cómo actuó cada uno de esos doce hombres cuando realizaron sus primeros milagros.

Incluso podrías imaginar cómo respondieron las multitudes cuando ya no era sólo Jesús quien hacía estas cosas. Si las multitudes se agolpaban alrededor de Jesús con sus enfermos, con los poseídos, y con los moribundos, ¿no habrían hecho lo mismo con estos doce hombres? Ahora tenían opciones—seis para ser exactos; podían ir a cualquiera de las seis ubicaciones, dondequiera que estuvieran estos pares de discípulos, y recibir la sanación y liberación que necesitaban. Ahora esos doce discípulos estaban viviendo los mismos días emocionantes que vieron vivir a Jesús. Esos eran buenos días para ser discípulos de Jesús.

Si eso hubiera sido todo lo que Jesús envió a sus primeros discípulos a hacer, se habrían convertido en el grupo más popular en Israel. Todos los amarían; todos los recibirían. ¿Quién no daría la bienvenida a verdaderos trabajadores de milagros? Sin embargo, eso no fue todo lo que Jesús los envió a hacer. También los envió a proclamar el mismo mensaje que él estaba proclamando—un mensaje sobre el reino. Aunque eso también parecía emocionante, Jesús sabía algo sobre el mensaje y cómo afectaría a la gente. Su mensaje convertiría el camino del discipulado en un camino peligroso.

Jesús sabía que no todos recibirían el mensaje que sus discípulos proclamarían; sabía que rechazarían no sólo el mensaje, sino también a los mensajeros. No cada ciudad o casa desplegaría la alfombra roja para sus discípulos. Probablemente, esto fue difícil de comprender para esos doce discípulos. ¿Cómo podría alguien recibir un milagro de sanación y luego rechazar el mensaje que venía con él? Jesús vio la paradoja en la respuesta de la gente y trató de preparar a sus discípulos. Cualquiera que rechazará este mensaje pagaría un precio alto, pero también lo harían sus discípulos. Esta realidad impulsaría este bloque de enseñanzas que Jesús dio a sus discípulos.

Antes de seguir adelante, debemos considerar estos dos elementos de nuestra misión: ayudar a otros con sus necesidades y proclamar el mensaje del reino. ¿Ambos aspectos moldean nuestro camino mientras intentamos seguir a Jesús? ¿O elegimos uno y dejamos que otros hagan la otra parte? Considera las elecciones con las que te has enfrentado y las elecciones que has hecho. Si eliges uno y no ambos, ¿cuál estás haciendo? ¿Haciendo buenas obras o proclamando el mensaje del reino? ¿Por qué elegiste solo uno, si eso es lo que hiciste? Si has elegido hacer solo uno, ¿todavía estás caminando el mismo camino que Jesús caminó?

Reflexionemos sobre este aspecto del camino que seguimos. ¿Cuál es el enfoque de nuestra misión? ¿Vemos un deseo de satisfacer las necesidades físicas de las personas? ¿Vemos un deseo de proclamar el mensaje del reino? Quizás un péndulo describe mejor cómo los discípulos a menudo han intentado seguir a Jesús. En un extremo del péndulo está el discípulo que está únicamente enfocado en proclamar el mensaje, prestando poca o ninguna atención a las necesidades físicas de los oyentes. Uno de los primeros discípulos de Jesús, Juan, desacreditó ese enfoque cuando escribió a otros discípulos en sus últimos días—cuidar las necesidades físicas era vacío sin un amor que abordara esas necesidades (1 Juan 3:16-18). Perder de vista las necesidades o simplemente responder con palabras solas no es el camino de un discípulo de Jesús. Afortunadamente, muchos discípulos se han alejado de este extremo del péndulo.

En el otro extremo del péndulo están esos discípulos que intentan seguir a Jesús y se enfocan en las buenas obras que satisfacen las necesidades físicas de sus oyentes, pero no hay mucho énfasis en proclamar el mensaje, si es que hay alguno. La justificación de estos discípulos es que la gente preferiría ver un sermón en lugar de oír uno. Quizás eso sea cierto, pero Jesús sabe que aún necesitan escuchar el mensaje. Él envía a sus discípulos a proclamar ese mensaje, no solo a hacer buenas obras. Hacer buenas obras sin proclamar el mensaje convierte a los discípulos en poco más que una organización cívica. Tal discipulado pierde lo que hace a los discípulos de Jesús distintos—las enseñanzas de su maestro.

¿Dónde estás en este péndulo? ¿Estás en uno de los extremos, o te has enfocado en ambos elementos de la misión que Jesús ha dado a sus discípulos? Aquellos que están en los extremos, en cualquier extremo, no están caminando el mismo camino que Jesús.

Si te encuentras en un lugar donde te has enfocado en hacer buenas obras y no en proclamar el mensaje, estás en un lugar particularmente difícil. Cuando sales a encontrarte con las personas en su dolor y ofrecerles alivio de sus luchas, tal vez incluso liberación, encuentras una audiencia receptiva. Eres su amigo, incluso su héroe, porque nadie quiere quedarse en su dolor. Así que siempre que llegue ayuda que ofrezca una salida, incluso si solo es breve, las personas en dolor la aprovechan. Están felices, agradecidas, amables, y responden con sonrisas y palabras amables.

Los discípulos pueden enamorarse de ser recibidos como amigos y héroes. Entonces, cuando pasan de hacer solo buenas obras que satisfacen necesidades físicas a proclamar el mensaje, pueden encontrar que la respuesta rápidamente se convierte en desinterés respetuoso, rechazo, o incluso desprecio. Los discípulos pueden descubrir que ahora se les considera una molestia, como crueles o entrometidos, quizás incluso como enemigos. ¿Irías de ser un héroe a convertirte en un enemigo para seguir a Jesús? Ese es un cambio de rumbo particularmente difícil para cualquier posible discípulo.

Sería mucho más fácil y placentero si solo pudiéramos ser personas que hacen buenas obras para ayudar a satisfacer las necesidades físicas de las personas, pero ese no es el camino que Jesús caminó, ni el camino por el que envió a sus primeros discípulos. Es muy importante que no faltemos en seguir a Jesús en este aspecto de nuestra misión. Jesús nunca quiso que sus discípulos se enfocaran solo en lo físico. Él enseñaría en otro lugar que si una persona salva su vida pero pierde su alma, ha perdido todo (Mateo 16:26). Si los discípulos sólo ofrecen ayuda para salvar vidas físicas, pero no ofrecen ayuda para salvar almas, ¿qué se ha ofrecido realmente? Jesús envía a sus discípulos, incluso hoy, para mucho más. Esta parte de nuestra misión nos hace distintos, pues ofrecemos lo que nadie más puede. Debemos estar dispuestos a renunciar a la popularidad y el estatus de celebridad para poder dar a las personas el mensaje que aborda sus necesidades espirituales.

Por el Camino Peligroso (10:16-25)

Vamos a enfocar nuestro microscopio y mirar más de cerca esta misión. Jesús envió a sus primeros discípulos en una misión que sabía que llevaría al rechazo. ¿Cómo se veía ese camino de rechazo? En sus enseñanzas, Jesús no suavizó la realidad que sus discípulos enfrentarían. Jesús probablemente dijo mucho más de lo que esos doce hombres querían escuchar, pero quería que supieran todo para que pudieran estar preparados cuando ocurriera. Mientras escuchas las enseñanzas de Jesús, comprométete a mantenerte firme y no rendirte. Seguramente no sentirás nada diferente de lo que sintieron esos primeros doce discípulos al escuchar estas enseñanzas por primera vez. La mayoría de ellos se mantuvo con Jesús—todos menos Judas—y tú también puedes hacerlo.

Jesús informó a sus discípulos que el rechazo vendría en muchas formas—todas aterradoras, todas difíciles, muchas dolorosas, algunas mortales. Serían arrestados y encarcelados. Serían puestos a juicio. Serían traicionados por relaciones cercanas, incluso sus familiares más cercanos. Serían perseguidos, azotados con látigos, odiados por todos, e incluso asesinados por proclamar el mensaje de su maestro. Serían vistos como el diablo por muchos.

Antes de que caminaran por este peligroso camino, verían a su maestro y Señor caminarlo primero. Lo verían recorrer el camino antes que ellos, y sabrían que realmente estaban siguiendo sus pasos. Al hacerlo, no estarían haciendo más que él, sufriendo no más que él. Sabrían que estaban haciendo lo que se esperaba y que estaban viviendo a la altura de su llamado como seguidores de Jesús. Quizás Jesús esperaba que esto fuera suficiente para que cualquier posible seguidor recorriera este peligroso camino.

Recuerdo historias de personas que iban a la batalla, personas que sabían que probablemente morirían en la batalla. Incluso si no estaban seguras de su destino, sabían que estaban a punto de entrar en un conflicto demasiado aterrador para pensar en él, pero tenían que hacerlo. Tenían que prepararse para ver la batalla hasta el final—sea cual sea el resultado. Supongo que cada persona tenía que mirar en su interior para ver si creían que su misión valía el precio que tuvieran que pagar.

Así que Jesús levantó el telón sobre el verdadero argumento que se despliega en este mundo cada día. Mostró a sus seguidores el conflicto entre las fuerzas del bien y el mal, el conflicto entre dos reinos que estaban diametralmente opuestos en objetivos y valores. Considera esto: ya sea que elijas seguir a Jesús o no, el conflicto continúa. Si eliges seguir a Jesús, tienes la oportunidad de ser parte de las fuerzas del bien para un mejor resultado para todo lo que aprecias. Si tienes que pagar el precio final por esas personas, ¿valdría la pena?

No caigamos en el pensamiento fatalista de que Jesús envía a sus seguidores en misiones suicidas. Tampoco los envía a derrotas. Ninguna de estas posibilidades tiene un resultado positivo. La misión de Jesús tiene un resultado muy positivo. Con oídos frescos, escuchemos las instrucciones de Jesús a sus seguidores que caminan por este peligroso camino.

En 10:16-17, Jesús instruyó a sus seguidores a ser astutos como serpientes y a estar en guardia. Al caminar por este camino peligroso, sería prudente mantener los ojos abiertos y los sentidos alerta. No caminarían entre personas que tuvieran en mente sus mejores intereses. Jesús no esperaba que sus discípulos fueran imprudentes y trajeran problemas innecesarios sobre sí mismos. Cuando leas el libro de Ripken, "La Locura de Dios", o el libro complementario, "La Locura de la Obediencia", notarás que algunos discípulos modernos han aprendido esta lección.

Estas instrucciones no significaban que los discípulos pudieran salirse de este camino peligroso o que la persecución no ocurriría si estaban atentos y usaban su inteligencia. Todo lo contrario, Jesús dijo que los arrestos, azotes, juicios, y la muerte aún vendrían. Sin embargo, les dijo que recibirían ayuda. ¿Qué ayuda prometió? No tendrían que preocuparse por qué decir porque el Espíritu del Padre les ayudaría a dar testimonio dándoles las mismas palabras para decir (10:19-20). Lo que Jesús hizo evidente a esos doce hombres fue que su seguridad física no era la preocupación principal; más bien, era la misión de proclamar su mensaje. Jesús envió a sus discípulos a peligro para que difundieran su mensaje.

No es que Jesús no se preocupara por la seguridad física de sus discípulos. Los amaba, así que ¿cómo no iba a estar preocupado? Sabía que no querían sufrir y morir, así como él no lo querría al enfrentar su propia muerte. Eso es parte de la naturaleza humana. Se refirió a esos instintos de supervivencia humana en 10:23 cuando habló sobre huir de la persecución. Y aún así, incluso al huir del peligro, no deben perder su misión o propósito; deben seguir dando testimonio.

Si lees Hechos 8, encontrarás que este escenario se desarrolló cuando los discípulos enfrentaron la persecución en Jerusalén. Ellos huyeron de Jerusalén, pero no se escondieron. Esa persecución se convirtió en la herramienta que Jesús usó para enviar a sus discípulos a nuevos lugares. Llevaron a cabo su misión, y el mensaje nunca dejó de ser proclamado; como resultado, más personas entraron en el reino y se convirtieron en discípulos proclamadores. En tiempos modernos, en lugares del mundo donde los seguidores de Jesús son perseguidos, muchos discípulos siguen proclamando el mensaje del reino. ¿El resultado? El reino crece.

Miremos más allá de nosotros mismos. ¿Cómo y dónde ves que se proclama el mensaje del reino? ¿Has visto discípulos exponerse al peligro para proclamar el mensaje del reino? Si es así, probablemente te sentiste inspirado y energizado por su ejemplo. Si todo lo que has presenciado, sin embargo, son discípulos haciendo lo que pueden hacer en seguridad, estás sintiendo una energía diferente cuando lees estas enseñanzas de Jesús. Esta es una energía que apaga y sofoca. Si ese eres tú, lucha por una nueva visión y mira las vidas de los discípulos que caminan el camino peligroso. Despierta con la vida y la energía en ese camino.

Conozco a una discípula, una mujer mayor, que encontró su misión después de que su comunidad había sido devastada por un huracán. Ella viajaba veinte millas en un auto poco fiable para cargar comida y mensajes bíblicos impresos. Luego viajaba treinta millas a áreas gravemente afectadas, buscando a personas que necesitaban esos suministros.

Ella les daba a estos extraños los suministros que estaban en su auto, incluidos los mensajes bíblicos. Oraba por esos extraños y los animaba a buscar a Dios. Muchas veces ella estaba en estos lugares y su auto se descomponía. Tenía que llamar a su hijo para que viniera a recogerla. Sin embargo, no sabía dónde estaba, y él tenía que encontrar maneras de rastrearla. ¿Eso la detuvo? No. La semana siguiente, hacía lo mismo de nuevo.

Conozco a discípulos que están acostumbrados a vivir en lugares donde operan cárteles de drogas en un país que no es seguro en ningún día. Una familia en particular es un esposo, una esposa, y dos pequeños y preciosos niños. Él es predicador, y él y su familia vivían en una casa en el mismo terreno que su edificio de la iglesia. Una noche, fueron despertados por los sonidos de motores rugiendo, frenos chirriantes, y disparos automáticos fuera de su casa. La policía había perseguido a miembros del cartel hasta la intersección donde estaba su casa. Allí ocurrió el tiroteo. Esto no llevó a la pareja a empacar y mudarse a un lugar seguro. De hecho, estaban en el proceso de construir una nueva casa en un vecindario cercano. ¿Era más seguro allí? No. El cartel operaba desde una casa al final de esa cuadra. De hecho, se informó al predicador que mientras su casa se construía, miembros del cartel entraban en ella por la noche para usar los enchufes eléctricos para recargar sus teléfonos. Cuando le pregunté al esposo y la esposa, un padre y una madre, si estaban preocupados por la seguridad de sus hijos con toda la violencia a su alrededor, encontré la misma actitud y fe que leí sobre esos discípulos en Rusia. El peligro era parte de su mundo, parte de sus vidas, y se quedaban para poder ser mensajeros de Dios para esas personas.

Conozco a un seguidor de Jesús que estaba solicitando la ciudadanía en mi país. Estaba a punto de obtener ese privilegio cuando sintió que Dios lo impulsaba a quedarse en su país de origen y llevar a cabo su misión allí. Cuando fue llamado ante el juez que estaba listo para darle la ciudadanía, él declinó respetuosamente. No hace falta decir que el juez estaba sorprendido y no podía creer que este discípulo estaba desechando su oportunidad dorada. Este seguidor dejó este país, dejó a su esposa, y regresó a su país de origen. Compró un vertedero en medio de una comunidad infestada de carteles y construyó un refugio para inmigrantes. Esa misión está bendecida por Dios hoy mientras atiende las necesidades físicas y proclama el mensaje del reino a todos. El refugio está amurallado, pero el cartel no solo deja su trabajo en paz, sino que incluso proporciona protección. No mucho después de comenzar su camino en este peligroso camino, su esposa renunció a su ciudadanía en este país y se unió a él. No tienen arrepentimientos y viven con alegría y propósito mientras siguen a Jesús dondequiera que él los lleve.

Quizás el camino de seguir a Jesús aún no se ha vuelto peligroso para ti. Si no es así, las enseñanzas de Jesús en Mateo 10 pueden abrumarte. Estabas contento de convertirte en discípulo cuando sabías que eso significaba salvación para tu alma. Estabas feliz de ser parte de una iglesia donde la adoración te emocionaba y te energizaba, y la gente te amaba. No podías esperar para unirte a las buenas obras de ayudar a los demás. Oíste mensajes sobre el peligro de ser discípulo en algunas partes del mundo, pero eso no eras tú, y nunca pensaste que lo sería.

Estabas contento de orar por aquellos en peligro mientras llevabas a cabo tus buenas obras en relativa seguridad. ¿Qué harás, entonces, cuando el camino que estás siguiendo se vuelva peligroso? ¿Qué mensaje hablarás entonces? Deberías considerar eso; podría ser el primer paso que te mantenga firme en Jesús. Mientras consideras esto, asegúrate de dar peso a la alegría y el propósito que elevan la vida al ámbito de lo divino. Ese tipo de vida solo se encuentra en este camino. Qué pena sería perderse lo divino por preocuparse demasiado por la aceptación y la seguridad.

Jesús Apoya a Sus Discípulos (10:26-33)

Si Dios es amor, y si es poderoso y está a cargo, y si Jesús es Rey de reyes, podríamos preguntarnos por qué los seguidores de Jesús deben sufrir. ¿Por qué el Padre y el Hijo no simplemente los protegen y los mantienen a salvo de todo daño? Si las personas están dispuestas a recorrer el peligroso camino de un discípulo, ¿no tendrá Jesús su respaldo? La respuesta a esa pregunta es un rotundo ¡Sí! Sin embargo, esto no aleja a los discípulos del peligro físico o del daño. En cambio, las enseñanzas de Jesús amplían la visión y comprensión de sus discípulos para que puedan ver una imagen más grande y tener una comprensión más completa de la seguridad.

Jesús no esperaba que sus discípulos estuvieran sin miedo cuando lo siguieran por este peligroso camino de proclamar el reino a un mundo roto y perdido. Sabía que el miedo nunca estaría lejos. Así que Jesús les dijo qué debería realmente darles miedo, y no era que la gente matara sus cuerpos físicos. Más bien, lo que realmente debería aterrorizarlos es que el Padre en el cielo podría enojarse tanto con ellos que no solo mataría sus cuerpos, sino que también enviaría sus almas al infierno para ser destruidas. Jesús dijo que era mejor tener a las personas, en lugar de a Dios, como enemigo.

Quizás esto no te brinde mucho consuelo al pensar en esta parte de las enseñanzas de Jesús. Así que pasemos un tiempo aquí y profundicemos. Notaste que Jesús comenzó esta parte de sus enseñanzas con la idea de que no hay nada oculto que no sea revelado. ¿Revelado a quién? Ese sería el Padre. ¿Quién haría la revelación? Ese sería Jesús (10:32-33). Cuando Jesús revele a su Padre las identidades y acciones de aquellos que están matando a sus discípulos, ¿qué crees que hará el Padre? Ellos serán algunas de las personas que el Padre destruirá en el infierno, cuerpo y alma. Los enemigos de los discípulos de Jesús pueden haber pensado que eran todopoderosos y que no rendían cuentas a nadie. Estaban completamente equivocados, pues al perseguir a los discípulos de Jesús hicieron el peor enemigo posible: el Padre en el cielo. Su día de ajuste de cuentas les llegaría terriblemente.

Piensa en los discípulos que fueron perseguidos y asesinados por esos enemigos de Jesús. ¿Qué les pasará? ¿Les entregó Jesús de la persecución y la muerte? Les dijo a esos primeros doce que eran preciosos para él y el Padre; incluso los cabellos en la cabeza de cada discípulo eran conocidos por el Padre y el Hijo. Ellos eran definitivamente conocidos y amados por ambos, el Padre y el Hijo, por lo que Jesús los tranquilizó y les dijo que no tuvieran miedo. Sin embargo, no dijo que los libraría de la persecución física y la muerte. Prometió algo mucho mayor: si aún lo seguían y lo reconocían como Señor cuando enfrentaran esa persecución, incluso si fuera la muerte, él intercedería por ellos ante el Padre en el cielo. No tendrían necesidad de temer que el Padre los destruyera; en cambio, él los recibiría con gusto y amor. Así es como Jesús respaldaba a sus discípulos.

Por otro lado, si algún discípulo negaba a Jesús frente a la persecución y la muerte, Jesús los negaría ante el Padre. ¿Cuál sería el destino de esos discípulos? Enfrentarían un destino peor que la muerte, al igual que sus perseguidores. Sus almas serían destruidas en el infierno. Jesús se mantendría firme por los discípulos que se mantuvieron fieles a él en el camino peligroso; los discípulos que lo abandonaron no tendrían tal defensor, y tendrían mucho más que temer que el dolor físico y la muerte.

A lo largo de los siglos que han pasado desde que Jesús ascendió al cielo, sus discípulos han recorrido este peligroso camino del discipulado. Muchos han sufrido e incluso han muerto. Familias enteras de discípulos han muerto por su Señor y Maestro. El enemigo de todos los seguidores de Jesús, Satanás, ha exigido un terrible precio de tantos. Él cree que muchos negarán a Jesús si el precio es demasiado alto. Ha habido quienes no quisieron pagar ese precio y se han alejado de seguir a Jesús. Abandonaron y salvaron sus vidas por el momento, pero entraron en un lugar oscuro donde enfrentará el juicio del Padre sin la defensa del Hijo. Si regresan a Jesús y lo siguen, aún pueden cambiar su destino; si no, enfrentarán un destino terrible. No todos se han alejado de Jesús cuando el precio se volvió demasiado alto. Ellos pagan el precio, y serán recibidos en la eternidad con gloria y honor.

Los discípulos se unen a una guerra cuando se convierten en seguidores de Jesús; no solo se unen a iglesias con programas emocionantes. Se convierten en guerreros en una guerra por lo que es bueno y santo. Ganar esta guerra ha costado mucho al Padre y al Hijo, algo que recordamos cada año alrededor de la Pascua y cada vez que compartimos la comida que llamamos la Cena del Señor. Como en cualquier guerra, muchos combatientes sufrirán y morirán. Esos combatientes son a menudo los discípulos de Jesús; sin embargo, no sufren y mueren en vano. Enfrentan su destino con gran esperanza y seguridad. ¿Por qué? Saben que su Maestro les respalda en lo que más cuenta.

Hay un aspecto de este sufrimiento y muerte que es un giro asombroso. Uno pensaría que Satanás estaría celebrando cada vez que un discípulo de Jesús muere; después de todo, eso significa un guerrero menos para el Señor en el campo de batalla. Sin embargo, así no ha sido como se ha desarrollado la guerra. Mira la historia, y verás que cuando un discípulo muere por Jesús, el número de discípulos a menudo crece. ¿Cómo es eso posible? Aquellos que una vez pertenecieron al enemigo a menudo se sienten convictos por la fe de los discípulos mientras sufren y mueren. Se convencen de que Jesús debe ser realmente Señor y Rey, y cambian de lealtad. El ejército de Jesús crece, el ejército del diablo se hace más pequeño. Satanás no puede ganar incluso cuando parece que está ganando. Esto debe ser frustrante para él. Debe saber que está condenado y que perderá esta guerra.

Quizás ya conocías todo esto antes de leer este libro; o tal vez nunca lo habías pensado y nadie te lo había dicho. Saber en qué estás involucrado hace una gran diferencia. La membresía en una iglesia probablemente no vale la pena morir por ella, al menos de la manera en que a menudo pensamos en las iglesias que se reúnen en edificios. Sin embargo, cuando sabemos que cualquier sufrimiento y muerte que podamos enfrentar contribuye a algo digno, podemos encontrar la voluntad, el coraje y la fe para hacer ese sacrificio cuando se nos requiera. Podemos vivir de manera pequeña o vivir en grande en esta vida; Jesús nos da la oportunidad de vivir en grande.

Lo que Más Importa a un Discípulo (10:34-39)

Las personas que temen el conflicto desean la paz. Las personas cansadas del conflicto desean paz. Las personas que nunca han conocido el conflicto desean paz. La paz es una idea dulce, pero a menudo ha eludido nuestro alcance. Si la paz se desea tanto, ¿por qué es tan esquiva? ¿Por qué proclamaron los ángeles paz en la tierra cuando nació Jesús, y por qué, en este bloque de enseñanzas, Jesús proclama que no vino a traer paz? Cuando se trata de paz, encontramos una diferencia entre la intención y la realidad. No podemos culpar a Dios o a Jesús cuando la realidad no cumple con su intención. En cambio, encontramos que las personas son el problema, y lo han sido desde los días de Caín y Abel. Algunas personas simplemente no quieren hacer lo que se necesita para tener paz.

Si Jesús debía ser la fuente de paz, entonces la paz sólo llega cuando las personas lo escuchan y siguen sus enseñanzas. La paz seguirá eludiendo a aquellos que se niegan a escucharlo: naciones, grupos sociales, familias e individuos. Mientras las personas continúen siguiendo deseos egoístas en lugar de seguir las enseñanzas de amor y santidad de Jesús, la paz seguirá siendo un sueño no realizado.

El rechazo de muchos a seguir a Jesús también impacta a quienes son sus seguidores. Así como esas personas se opusieron a Jesús, incluso violentamente, también se han opuesto a sus discípulos, incluso violentamente. Esos primeros discípulos encontraron que la oposición surgiría dentro de sus propias relaciones familiares. Quizás este no era el caso con los primeros doce, pero sí sería con otros que siguieron a Jesús. La paz que una vez había estado en sus hogares se perdería a causa de Jesús. Jesús terminaría trayendo una espada a sus vidas. Esto no sucedió porque Jesús quisiera; sucedió porque las personas odiarían tanto sus enseñanzas que odiarían a sus discípulos, incluso si se tratara de un miembro de la familia.

Jesús habló de esto anteriormente en sus enseñanzas (10:21); ahora retoma ese hilo y enfrenta a sus discípulos con una decisión terrible. Para muchos, llegaría el día en que tendrían que decidir quién era más importante para ellos, a quién amaban más. ¿Sería su respuesta Jesús? ¿O un miembro de la familia como un padre, madre o hijo? Los miembros de la familia que se vuelven en contra de los discípulos pueden haber parecido impensables para esos primeros discípulos. ¿Cómo podría alguien que los amaba y los criaba volverse contra ellos? ¿O cómo podría alguien a quien habían amado y criado volverse contra ellos? Lo que era inimaginable para esos discípulos se convertiría en una realidad para muchos. Su dolor y sufrimiento serían más profundos debido a la fuente; y en ese dolor, tendrían que tomar una decisión que nadie debería tener que tomar.

¿Cómo podría Jesús hacer de tal decisión un requisito para seguirlo? Para seguirlo, los discípulos debían seguir moviéndose en la misma dirección hacia el Padre. Este camino no es negociable, pues es el único camino al Padre. Esta es otra razón por la cual las enseñanzas de Jesús eran tan importantes. Proporcionaron orientación en momentos en que los seguidores estaban conflictuados a nivel más profundo. Cuando la presión para abandonar a Jesús provenía de un padre, hijo u otro miembro de la familia, el discípulo se vería desgarrado entre dos lealtades fundamentales. ¿Dónde estaba su corazón y qué relación era realmente importante para el discípulo? Esta es una elección injusta, pero Satanás se especializa en poner a los discípulos de Jesús en tales ataduras. Cree que el precio es tan alto que muchos discípulos abandonarán a Jesús si tienen que hacer esta elección. A lo largo de los siglos, ha puesto a los seguidores en esta angustiosa atadura.

Muchos que siguen a Jesús hoy aún están bajo la misma presión. Hace años, conocí a una niña preadolescente. Tenía doce años cuando comprometió su vida con Jesús a través de su bautismo. Esto no fue bien recibido por su familia. Sus padres y abuelos le dijeron que tenía un mes para alejarse de su compromiso con Jesús. Si no se alejaba de seguir a Jesús, la echarían de su casa y de su familia. Eso era una gran presión para alguien tan joven.

Quizás la mayoría de nosotros no podemos imaginar cómo responderíamos si esa misma elección se nos hubiera impuesto a esa edad. ¿Adónde iríamos? ¿Cómo viviríamos? ¿Cómo nos las arreglaríamos sin la única familia que conocíamos? Los niños de doce años no pueden conseguir empleos y contratos de alquiler. Tal vez muchos de nosotros nos involucraríamos en un pensamiento y razonamiento creativos para evitar tal elección. No esta joven. No se alejó de Dios cuando pasó ese mes; y fue echada. Otros discípulos la acogieron y la amaron. Ella tuvo una nueva familia cuando perdió a su familia biológica. Una de las bendiciones de la iglesia del Señor es que se convierte en una red de relaciones de apoyo cuando funciona como Jesús lo quiso. El amor puede encontrarse en ese grupo cuando no se encuentra en otro lugar. El amor puede cruzar todas las barreras sociales para que todos puedan ser recibidos en nuevos hogares y familias.

El llamado a seguir a Jesús requerirá un cambio de todos los que respondan al llamado porque el camino del discipulado también es un camino santo. Todos los que lo recorren pasan por un cambio. Sin embargo, no importa de dónde venga uno o qué haya hecho; todos son bienvenidos y todos son llamados. Ser recibido con amor cuando se hacen tales cambios en la vida es una bendición asombrosa. Este amor puede llenar a un discípulo, y afortunadamente así es. Sin embargo, los discípulos de Jesús no deben olvidar que aunque la iglesia los ama y los apoya, su cultura no lo hará. Han tomado una decisión de ir contra la cultura, y se convertirán en forasteros, marginados e incluso enemigos. Cuando la familia del discípulo elige quedarse en la cultura, el discípulo tendrá que hacer una elección terrible pero necesaria que revelará dónde está realmente su corazón.

La presión de elegir entre la familia y Jesús es terrible, pero podría ser peor, y ha sido peor para muchos discípulos. A veces han tenido que elegir entre vivir o morir, y el factor determinante para su destino sería su compromiso con Jesús o su negación de él. De esos primeros doce discípulos, todos tendrían que hacer esa elección. Uno eligió no seguir a Jesús y volverse contra él. ¿Su recompensa? Treinta piezas de plata. ¿Su destino? No pudo vivir con lo que había hecho a Jesús y la elección que había hecho, así que se quitó la vida. ¿Qué pasó con los otros once? Al igual que muchos otros, fueron asesinados porque seguían a Jesús. ¿Qué les importaba más? No era mantener su vida aquí y perder su vida con el Padre. Sabían que esa era la mejor opción.

¿Qué entendieron esos discípulos que necesitamos entender hoy? ¿Cómo es posible estar tan enamorado de Jesús que estaríamos dispuestos a renunciar a todo por él, incluso a nuestras propias vidas? ¿Qué los mantenía firmes cuando querían abandonar? Si podemos encontrar ese mismo entendimiento, podemos tomar la misma difícil decisión si se nos presenta. Pensaremos más sobre esto en nuestro próximo chequeo del cinturón de seguridad, pero medita sobre esto hasta entonces. Quizás ahora sea un buen momento para pasar algún tiempo en oración. Tal vez necesites guía. Tal vez necesites que se calmen tus miedos para que tu corazón pueda desacelerarse. Tal vez sabes que necesitarás coraje que no has visto en ti mismo. Ora por lo que necesitas, incluso si no sabes exactamente qué es.

Facilitando El Camino a Sus Discípulos (10:40-42)

Jesús cierra su segundo bloque de enseñanzas con una enseñanza sobre la acogida y luego lo sella con tres ilustraciones (muy parecido al primer bloque). Recuerdas que Jesús habló anteriormente en sus enseñanzas sobre cómo sus discípulos serían recibidos por la gente en los pueblos y ciudades. A veces sus discípulos serían bienvenidos, otras veces no. Sus discípulos enfrentarían mucho odio, sufrimiento, persecución e incluso muerte; sin embargo, Jesús incluyó un pensamiento final que podría disminuir su peligro y dificultades en este camino peligroso.

Jesús hizo algunas promesas en las que sus discípulos podían apoyarse, y precedió estas promesas con una visión clara de quién estaba detrás de sus discípulos. La persona que acogía a uno de sus discípulos en su hogar en realidad estaba acogiendo a Jesús, el maestro de esos discípulos. No solo estaban acogiendo a Jesús, estaban acogiendo al Padre en el cielo en su hogar. Esa realidad daba a los discípulos de Jesús una posición más elevada. No serían meros mortales porque representaban lo Divino y lo Santo. La persona que estaba considerando la opción de acoger o rechazar a los discípulos de Jesús ahora estaba informada sobre quién estaba entrando en sus hogares, y no serían solo personas.

El rechazo y maltrato de estos representantes traería juicio del Padre (10:15, 28). Estos seguidores tenían un abogado y tenían recurso. Podían sacudirse el polvo de los pies (10:14) y retirar la paz de esa ciudad o casa (10:13). Estos no eran gestos simbólicos y vacíos; eran apelaciones al Padre en el cielo para que trajera juicio sobre esos hogares y ciudades.

Acoger a esos discípulos traería recompensa. El Padre notaría, y así como recompensaría a los discípulos de Jesús que salieron como profetas y personas justas, recompensaría a aquellos que acogieran a los mensajeros de Jesús. Esos anfitriones y receptores también serían bendecidos. Jesús sabía que esos anfitriones también estarían poniéndose en peligro, y prometió recompensarlos tal como prometió a sus discípulos. Jesús continuó enseñando que incluso la más pequeña bondad mostrada a uno de sus discípulos, como darles un vaso de agua fría, no quedaría sin recompensa por parte de él. Aunque estas personas no estaban presentes para escuchar estas enseñanzas, ya que Jesús solo tenía a sus discípulos como audiencia inicial, sabemos que esos doce compartieron estas promesas con aquellos que encontraron en su misión. De hecho, Mateo se aseguró de que supieran al escribirlo para que se leyera.

¿Es esta última parte de las enseñanzas de Jesús válida para los discípulos de Jesús hoy en día? ¿Los discípulos que salen hoy en día aún actúan como representantes de Jesús y del Padre? ¿Aún tienen los discípulos el poder de llamar al Padre y al Hijo para que intervengan a su favor? ¿El Padre y el Hijo aún traerán juicio o recompensa a las personas basándose en si reciben a los mensajeros que Jesús ha enviado? No hay razón para suponer que el Padre o el Hijo hayan cambiado, o que no tomen nota; así que no hay razón para suponer que no actuarán en nombre de estos discípulos modernos.

¿Qué significa este segundo bloque de enseñanzas para ti, alguien que quiere seguir a Jesús? Hay algunas enseñanzas de Jesús que captan tu atención más que otras. No volveré a repasar esas, pero te ofreceré una perspectiva que se revela en estas enseñanzas. Se te ofrece la oportunidad de vivir tu vida en una misión que te lleva al reino de lo Divino y lo Santo. Este camino peligroso es un camino sagrado. No esperes solo cosas temibles; espera también cosas maravillosas.

Chequeo del Cinturón de Seguridad

¿Por qué seguiría un discípulo a Jesús si el camino que recorren es tan peligroso? Mientras esos primeros discípulos consideraban emprender la misión que su maestro les estaba encomendando, seguramente se plantearon esta pregunta. A lo largo de las enseñanzas de Jesús en esta sección, hubo percepciones sobre el peligro y el peligro mayor, las recompensas y las recompensas mayores. Lo que escucharon fue que, independientemente de la elección que hiciera una persona respecto a seguir a Jesús, la vida estaría llena de dolor y recompensa. Esos primeros discípulos podrían sopesar cuál elección era preferible.

Imagina este escenario: a una persona se le dice que puede elegir entre morir de una enfermedad dolorosa y debilitante, o morir de una muerte rápida por ahogamiento. Si pudieras preguntarle a esa persona cuál medio de muerte preferiría, esa persona podría responder desesperadamente, "¿Cuál es la diferencia?" No hay una verdadera elección porque ningún sufrimiento tiene un lado positivo. Solo hay sufrimiento que lleva a la muerte, y no hay un propósito mayor que eleve el sufrimiento de ser más que solo sufrimiento.

¿Qué pasa cuando algo eleva el sufrimiento? Imagina un escenario donde un padre ve a su pequeño hijo siendo arrastrado por una inundación. Puede observar cómo su hijo es arrastrado, sabiendo que se ahogará. O puede saltar para salvar a su hijo. Si el padre no sabe nadar, ¿qué hará? ¿Sacrificará su vida para salvar a su hijo? O imagina a un padre escapando de una casa en llamas, solo para escuchar a su hijo gritando, quien fue accidentalmente dejado atrás en la casa. ¿Qué hará el padre? La mayoría de los padres sacrificarán instintivamente sus vidas si hay la menor posibilidad de salvar a sus hijos. Eligen con gusto el sufrimiento y la muerte si hay un propósito más alto. Esta es una cualidad notable de la humanidad. Las personas atraviesan un gran dolor y sufrimiento cuando saben que es por un propósito mayor.

Otra cualidad humana también nos eleva por encima de ser simplemente criaturas. Queremos que nuestras vidas importen. A nadie le gusta tener una vida sin sentido o una muerte sin sentido. Los jóvenes sueñan con hacer del mundo un lugar mejor. Los mayores nunca pierden realmente ese sueño. Quizá se remodela, pero no se pierde. Por eso las personas se ofrecen como voluntarios, por eso van a países más pobres y renuncian a parte de sus vidas para ayudar a los extraños. Cuando las personas tienen la oportunidad de vivir a lo grande en lugar de vivir a lo pequeño, generalmente eligen lo grande. Si creen en el propósito, dejarán de lado la comodidad y la seguridad y harán sacrificios. Un propósito más alto y nuestro deseo innato se unen y nos permiten hacer lo que no sabíamos que podíamos hacer.

Si las enseñanzas de Jesús en esta segunda sección son tan duras que quieres abandonar, piensa larga y profundamente en esto: realmente no hay elección sobre si sufrirás y morirás o no. Ambos destinos llegan a todas las personas. Lo que importa es para qué contará tu sufrimiento y tu muerte. Los discípulos de Jesús que sufren y mueren por él siempre saldrán ganadores.

Entonces, ¿para qué sufrirás y morirás? Asegúrate de que sea por un propósito que le dé significado a tu sufrimiento y muerte. Haz que tu vida y tu muerte cuenten tanto como sea posible.

Mateo 13
Tercer Bloque de Enseñanzas

13 Ese mismo día, Jesús salió de la casa y se sentó junto al lago. ² Se reunió tanta gente alrededor de él que subió a una barca y se sentó en ella, mientras toda la gente permanecía en la orilla. ³ Entonces les habló de muchas cosas en parábolas, diciendo: "Un agricultor salió a sembrar su semilla. ⁴ Mientras esparcía la semilla, algunas cayeron a lo largo del camino, y vinieron las aves y se las comieron. ⁵ Otras cayeron en lugares rocosos, donde no había mucha tierra. Brotaron rápidamente porque la tierra era poco profunda. ⁶ Pero cuando salió el sol, las plantas se quemaron, y se secaron porque no tenían raíz. ⁷ Otras semillas cayeron entre espinos, los cuales crecieron y ahogaron las plantas. ⁸ Otras semillas cayeron en buena tierra, donde produjeron una cosecha: ciento, sesenta o treinta veces lo sembrado. ⁹ El que tenga oídos, que oiga."

¹⁰ Los discípulos se le acercaron y le preguntaron: "¿Por qué les hablas a la gente en parábolas?"

¹¹ Él les respondió: "Porque a ustedes se les ha dado el conocimiento de los secretos del reino de los cielos, pero a ellos no. ¹² Al que tiene se le dará más, y tendrá en abundancia. Al que no tiene, aún lo que tiene se le quitará. ¹³ Por eso les hablo en parábolas:

"Porque viendo, no ven; y oyendo, no oyen ni entienden."

¹⁴ En ellos se cumple la profecía de Isaías:

"De oído oirán y no entenderán;

verán por más que miren, y no percibirán.

¹⁵ Porque el corazón de este pueblo se ha engrosado;

con los oídos oyen pesadamente, y han cerrado sus ojos.

No sea que vean con los ojos,

oigan con los oídos, entiendan con el corazón y se conviertan,

y yo los sane."

¹⁶ Pero bienaventurados son vuestros ojos porque ven, y vuestros oídos porque oyen. ¹⁷ Porque en verdad les digo que muchos profetas y justos desearon ver lo que ustedes ven, pero no lo vieron, y oír lo que ustedes oyen, pero no lo oyeron.

¹⁸ "Escuchen entonces lo que significa la parábola del sembrador: ¹⁹ Cuando alguien oye el mensaje del reino y no lo entiende, viene el maligno y arrebata lo que fue sembrado en su corazón. Esta es la semilla sembrada a lo largo del camino. ²⁰ La semilla que cae en terreno rocoso se refiere a alguien que oye la palabra y la recibe con gozo inmediatamente. ²¹ Pero como no tiene raíz, dura solo un tiempo. Cuando llega la tribulación o la persecución por causa de la palabra, rápidamente se aparta. ²² La semilla que cae entre espinos se refiere a alguien que oye la palabra, pero las preocupaciones de esta vida y el engaño de las riquezas ahogan la palabra, haciéndola infructuosa. ²³ Pero la semilla que cae en buena tierra se refiere a alguien que oye la palabra y la entiende. Este es el que produce fruto, dando una cosecha de ciento, sesenta o treinta veces lo sembrado."

²⁴ Jesús les contó otra parábola: "El reino de los cielos es semejante a un hombre que sembró buena semilla en su campo. ²⁵ Pero mientras

todos dormían, vino su enemigo y sembró cizaña entre el trigo, y se fue. ²⁶ Cuando el trigo brotó y formó espigas, también apareció la cizaña. ²⁷ Entonces los siervos del dueño vinieron y le dijeron: 'Señor, ¿no sembraste buena semilla en tu campo? ¿De dónde, pues, tiene cizaña?' ²⁸ 'Un enemigo ha hecho esto', respondió él. Los siervos le preguntaron: '¿Quieres que vayamos a recogerla?' ²⁹ 'No', respondió, 'no sea que al recoger la cizaña, arranquen también el trigo. ³⁰ Dejen crecer ambos juntos hasta la cosecha. Y al tiempo de la cosecha diré a los segadores: Recojan primero la cizaña y atájenla en manojos para quemarla; pero recojan el trigo y métanlo en mi granero.' ''

³¹ Les contó otra parábola: "El reino de los cielos es semejante a un grano de mostaza, que un hombre tomó y sembró en su campo. ³² Aunque es la más pequeña de todas las semillas, cuando crece es la mayor de las plantas de jardín y se convierte en un árbol, de modo que vienen las aves del cielo y anidan en sus ramas."

³³ Les dijo otra parábola: "El reino de los cielos es semejante a la levadura que una mujer tomó y mezcló en unos sesenta litros de harina hasta que fermentó toda la masa."

³⁴ Jesús dijo todas estas cosas a la multitud en parábolas, y no les decía nada sin usar parábolas. ³⁵ Así se cumplió lo que fue dicho por el profeta:

"Abriré mi boca en parábolas; declararé cosas ocultas desde la creación del mundo."

³⁶ Luego dejó a la multitud y entró en la casa. Sus discípulos se le acercaron y le dijeron: "Explícanos la parábola de la cizaña en el campo."

^{37} Él respondió: "El que siembra la buena semilla es el Hijo del Hombre. ^{38} El campo es el mundo, y la buena semilla son los hijos del reino. La cizaña son los hijos del maligno, ^{39} y el enemigo que la siembra es el diablo. La cosecha es el fin del mundo, y los segadores son los ángeles. ^{40} Así como se recoge la cizaña y se quema en el fuego, así será al final del mundo. ^{41} El Hijo del Hombre enviará a sus ángeles, y ellos recogerán de su reino todo lo que causa pecado y a todos los que hacen mal. ^{42} Y los echarán en el horno de fuego; allí será el llanto y el crujir de dientes. ^{43} Entonces los justos resplandecerán como el sol en el reino de su Padre. El que tenga oídos, que oiga.

^{44} "El reino de los cielos es semejante a un tesoro escondido en un campo. Cuando un hombre lo encuentra, lo esconde de nuevo, y luego, con gozo, va y vende todo lo que tiene y compra ese campo.

^{45} "Además, el reino de los cielos es semejante a un comerciante que busca perlas finas. ^{46} Cuando encuentra una de gran valor, va y vende todo lo que tiene y la compra.

^{47} "Una vez más, el reino de los cielos es semejante a una red que se echa al mar y recoge toda clase de peces. ^{48} Cuando está llena, los pescadores la sacan a la orilla. Luego se sientan y recogen los peces buenos en cestas, pero tiran los malos. ^{49} Así será al final del mundo. Los ángeles saldrán y separarán a los malos de los justos, y los echarán en el horno de fuego; allí será el llanto y el crujir de dientes.

^{50} "¿Han entendido todas estas cosas?" preguntó Jesús.

^{51} "Sí", respondieron ellos.

[52] Él les dijo: "Por tanto, todo escriba que se ha hecho discípulo del reino de los cielos es semejante a un padre de familia que saca de su tesoro cosas nuevas y viejas."

Preparación para la Enseñanza

El tercer bloque de enseñanzas de Jesús sobre seguirlo contiene una serie de parábolas. Hay dos audiencias a las que Jesús se dirige en este bloque: las multitudes y sus discípulos. Está claro que el enfoque principal de Jesús está en sus discípulos, pues a ellos les explica sus parábolas. Jesús no explica sus enseñanzas a las multitudes, no porque no le importen, sino porque está enfocado en entrenar a sus discípulos. Esos discípulos serán los que él enviará a enseñar a las multitudes para que también puedan entender y elegir seguirlo.

Como lo hiciste con los dos primeros bloques de enseñanzas, toma tiempo para leer este tercer bloque. Léelo varias veces si es necesario. Trata de encontrar el hilo conductor que atraviesa las enseñanzas. Cuando estés listo, haremos un análisis más detallado de estas enseñanzas para ver qué podemos aprender y aplicar mientras recorremos el camino de un discípulo de Jesús. Podemos esperar aprender cosas nuevas sobre seguir a Jesús por este camino estrecho que la mayoría no tomará. Podemos esperar ser desafiados; quizás encontraremos que estas enseñanzas también son aterradoras. Con suerte, estamos creciendo a través de nuestros momentos aterradores para que nuestros pensamientos se dirijan hacia una mejor comprensión y seguimiento, y no hacia abandonar. Aún haremos una revisión del cinturón de seguridad mientras trabajamos en estas enseñanzas. No queremos perder a nadie en el camino.

El Hilo Conductor

Notaste ciertas dinámicas al leer este tercer bloque de enseñanzas. Las enseñanzas giran en torno a dos grupos de parábolas que Jesús enseñó. Lo que las separa es el cambio de ubicación de Jesús, de la barca a la casa. Esto incluye un cambio de audiencia; la multitud más grande no está presente para el último grupo de parábolas. En el primer grupo, Jesús tuvo que explicar dos parábolas a sus discípulos. La primera parábola se explicó a sus discípulos después de que parecían haberlo apartado para hacer una pregunta; la segunda no se explicó hasta que volvieron a la casa. También está el elemento de que las enseñanzas de Jesús están ocultas, incluso tomadas, para algunas personas mientras que otras tienen la oportunidad de recibirlas.

Estas dinámicas revelan un hilo conductor que atraviesa estas enseñanzas. Necesitamos pasar un tiempo con este hilo si las parábolas van a impactarnos tanto como Jesús pretende. Para empezar, considera que vas a estar en uno de dos grupos: el que recibe el conocimiento de los secretos del reino de los cielos, o el que ve lo que tiene es quitado. Vamos a mirar a esa primera audiencia que escuchó estas enseñanzas para compararla con la audiencia actual que las lee. Hay implicaciones y consecuencias obvias que siguen para cada oyente y lector, dependiendo del grupo al que pertenezcan. Para ver este hilo, primero miraremos fuera de las parábolas en las enseñanzas y notaremos lo que está sucediendo allí. Eso enfoca nuestra atención en 13:10-18, 13:34-35 y 13:51-52.

13:10-18

En los versículos anteriores, Mateo ha revelado que Jesús ya había comenzado a enseñar a las multitudes sobre el reino. Sin embargo, esto era diferente de las enseñanzas que Jesús dio en la montaña en Mateo 5-7. En esta enseñanza, Jesús utilizó una historia o parábola para transmitir su mensaje. Una parábola podría ser confusa y su significado incierto. Si ese era el caso, ¿cómo podrían las personas aprender el mensaje que Jesús estaba enseñando? Debido a eso, los discípulos apartaron a Jesús y le preguntaron por qué enseñaba de esa manera.

La respuesta de Jesús a sus doce discípulos nos introduce en nuestro hilo conductor: hay personas que tienen ojos y oídos para ver y oír, y hay personas que no. Notaste que en las dos parábolas que Jesús tuvo que explicar a sus doce, él agregó la declaración: "El que tenga oídos, que oiga." Una vez lo dijo al final de contar la parábola, y otra vez lo dijo al final de explicar la parábola. Jesús sabía que, aunque podía decir lo mismo a todos, no todos lo escucharían. No todos querían escuchar y entenderlo. En algunas personas, Jesús estaba obstaculizado por una pared de piedra de mentes ya hechas.

Las personas en ese estado mental no estaban abiertas a aprender cosas nuevas, descartar viejos pensamientos y maneras que necesitaban ser descartadas, o cambiar de opinión. Cuando Jesús citó al profeta Isaías, hizo referencia a una declaración sobre personas que apenas oyen con sus oídos y que ya han cerrado sus ojos. Eran personas que tenían corazones endurecidos y callosos. Si estaban dispuestos a cambiar y estar abiertos a él, Jesús podía ayudarlos a descubrir el reino, pero no podía enseñarles si no estaban abiertos a él.

Lo que distinguía a los doce discípulos de Jesús de ese otro grupo no era su aguda inteligencia y mentes brillantes. A veces esos doce hombres podían ser bastante densos y lentos para entender, pero eran abiertos y dispuestos. Eran enseñables. Eventualmente entenderían sus enseñanzas, a veces más rápidamente que en otras ocasiones. Se estaban convirtiendo en discípulos de Jesús. Así que Jesús pasaba tiempo extra con ellos, explicando lo que no entendían inicialmente. Notaste que esto ocurrió un par de veces en este tercer bloque de enseñanza. Los doce tenían algo de conocimiento de los secretos del reino de los cielos, y Jesús les estaba dando más.

Si los doce discípulos estaban en ese grupo de los que reciben, ¿quién estaba en el grupo de los que pierden lo que tienen? Encontramos una respuesta a esto al volver al primer bloque de enseñanzas de Jesús y ver su acusación contra los fariseos y maestros de la ley. Estos líderes religiosos del pueblo habían sido confiados por el Padre para enseñar correctamente sobre el reino. Lo estaban haciendo muy mal; de hecho, habían fracasado. Jesús pasó gran parte de su tiempo tratando de guiar a las personas más allá de las enseñanzas de estos líderes religiosos. Sus esfuerzos para hacer esto convirtieron a Jesús en el enemigo de esos hombres. Notarás esto si lees todo el evangelio de Mateo en algún momento. Este conflicto llegaría a un punto álgido. En Mateo 23, Jesús reprendió públicamente a los fariseos y maestros de la ley por su hipocresía y fracaso en enseñar sobre el reino. En Mateo 26, esos líderes religiosos conspirarían y harían que Jesús fuera ejecutado. Así que sería seguro decir que Jesús tenía a esas personas en mente cuando habló de algunos que perderían lo que se les había dado. Sus ojos, oídos y corazones estaban cerrados a las enseñanzas de Jesús, y Él no podía penetrar esa dureza.

Sin embargo, no podemos limitar ese segundo grupo solo a esos líderes religiosos. Muchos en las multitudes también estarían incluidos en ese grupo. Jesús les hablaba en parábolas también. ¿Por qué estarían sus ojos, oídos y corazones cerrados a Jesús si venían a escucharlo? Quizás solo venían por los milagros. Quizás estaban abiertos a enseñanzas que los hacían sentir bien y los consolaban. Quizás eran el tipo de personas que compararían las enseñanzas de Jesús con las de su líder religioso local, su rabino de la sinagoga, pero elegirían las enseñanzas de su rabino sobre Jesús al final del día. Cualesquiera que fueran sus razones, Jesús conocía sus corazones. Hasta que sus corazones cambiasen y se volvieran abiertos a seguir sus enseñanzas, perderían lo que se les había dado, su posición como pueblo del reino.

13:34-35

Cuando Jesús concluyó su enseñanza en parábolas a las multitudes y regresó a la casa, Mateo enfatizó que Jesús había elegido deliberadamente usar parábolas para hablar a estas personas de oídos, mentes y corazones cerrados. Lo que había puesto a su disposición en forma de parábolas eran secretos del reino, enseñanzas que contenían verdades nunca antes reveladas. Estaban escuchando al Hijo de Dios en persona, y aun así, se perderían. Este era el peligro de tener mentes ya hechas. Les costaría a esas personas muy caro.

13:51-52

Jesús concluyó sus enseñanzas con algunas preguntas para sus doce discípulos y una declaración críptica. Se había tomado tiempo extra para ayudar a los doce a entender algunas parábolas con las que inicialmente tuvieron problemas. Ahora, al final, quería asegurarse de que entendieran todo lo que acababa de decir. Respondieron afirmativamente, y Jesús aceptó su evaluación de su comprensión.

Luego Jesús dijo algo críptico para cerrar sus enseñanzas; si te tomas un momento para mirarlo más de cerca, probablemente te quedarás rascándote la cabeza en confusión:

"Por lo tanto, todo escriba que se ha convertido en discípulo del reino de los cielos es semejante a un padre de familia que saca de su tesoro cosas nuevas y viejas." (Mateo 13:52)

¿Acaso Jesús dijo algo positivo sobre los maestros de la ley? Si es así, este es el único lugar en cualquiera de los cuatro evangelios donde Jesús tuvo algo positivo que decir sobre ese grupo. Hubo un maestro de la ley que Jesús elogió (Marcos 12:28-34); sin embargo, Jesús nunca habló positivamente sobre todo el grupo, particularmente en el evangelio de Mateo. Deberíamos concluir, entonces, que Jesús no se refiere a ese grupo en esta declaración positiva.

¿De quién está hablando Jesús entonces? Recuerda nuestro hilo conductor. Había un grupo que estaba recibiendo los secretos del reino de los cielos, sus discípulos. A ellos se les estaba dando más, mientras que los fariseos y maestros de la ley estaban perdiendo lo que se les había dado. Esos doce discípulos serían los maestros de la ley de Jesús.

Cualquiera que tuviera oídos para oír y entenderlo, y ojos para ver y percibirlo, y corazones que se volvieran a Él, se convertiría en su maestro de la ley. Ellos serían los que recibirían su mensaje para que pudieran enseñar a otros lo que Él les había enseñado.

El hilo conductor que atraviesa esta enseñanza es que Jesús estaba buscando un nuevo grupo de personas que pudiera llevar su mensaje sobre el reino a otros. No podía trabajar con los líderes religiosos establecidos, así que estaba levantando a sus propios discípulos, personas que pudieran aprender algo nuevo. Los equiparía para transmitir los tesoros del reino. Algunos serían tesoros antiguos que ya conocían, y algunos serían nuevos para su experiencia.

Estos discípulos se convertirían en mensajeros valiosos para su maestro y para la gente. Ese sería un propósito y llamado muy alto para esos doce hombres, como lo es para cualquier seguidor de Jesús. Sin embargo, una palabra de advertencia: así como Jesús quitó lo que se le había dado a los fariseos y maestros de la ley, puede hacer lo mismo con otros maestros de la ley que no logren oírlo, verlo, volverse a Él y seguirlo. Eso nos incluiría a nosotros.

Ahora es el momento de considerar cómo se aplica este hilo a nosotros. ¿Nos encontramos en lugares similares, no es así? Tenemos nuestras herencias y tradiciones religiosas, y nuestros líderes religiosos. Podríamos ser cristianos de tercera, cuarta o quinta generación. Una consecuencia de tal herencia es que llevamos nuestras propias ideas religiosas preconcebidas a la lectura de las enseñanzas de Jesús. Eso no significa que algo siniestro esté acechando en nuestros corazones; a veces solo significa que tenemos puntos ciegos que nos privan de comprensión.

Una vez estaba ayudando a un hombre a leer la Biblia por primera vez en su vida. Había intentado leer Génesis y luchó enormemente durante todo el esfuerzo. Cuando terminó Génesis, estaba frustrado por no haber entendido mucho. Le sugerí que intentara leer Mateo, lo cual aceptó con amabilidad y entusiasmo.

Cada semana, me comunicaba con él y le preguntaba cómo iba su lectura. Estaba emocionado y compartía conmigo lo que había leído y entendido. En algún momento, le pasaba algún pequeño fragmento de conocimiento para enriquecer su lectura y comprensión. Luego, él volvía a casa y leía durante otra semana.

Pronto llegó a los últimos capítulos de Mateo, el lugar en la historia donde Jesús es arrestado, golpeado y crucificado. Cuando lo vi después de leer esos capítulos, le pregunté cómo había ido su lectura. Esperaba la misma respuesta entusiasta y energética; sin embargo, lo que dijo me sorprendió y me tomó completamente por sorpresa. Confesó que no pudo leer esos capítulos. No sabía qué decir, así que le pregunté por qué no pudo. Él respondió que mientras leía, se estaba enojando y realmente empezó a llorar. Estaba molesto porque la gente estaba tratando a Jesús de manera tan horrible cuando él, sobre todo, no merecía nada de eso.

Me quedé atónito y sin palabras al principio. Este hombre que estaba leyendo la Biblia por primera vez entendió esta parte de ella mucho mejor que yo, alguien que había crecido escuchando y leyendo la misma historia. Nunca, en toda mi lectura, me enojé al leer el final de Mateo.

Nunca derramé ni una sola lágrima. Aunque apreciaba mucho mi crianza, y nunca la cambiaría, me di cuenta de que había perdido algo como resultado. Me llevó un hombre que leía la historia por primera vez para darme cuenta de eso. Quizás esta historia te ayude a comprender cómo tu gran herencia de fe generacional probablemente también te ha privado de algo.

A veces, la herencia y las preconcepciones no son tan benignas. Pueden ser tan fuertes en nosotros que nuestras mentes ya están hechas cuando no deberían estarlo; sabemos lo que creemos y no estamos abiertos al cambio. Aunque hemos sido estudiantes dispuestos a aprender en algún momento de nuestras vidas, podemos haber perdido eso. Cuando leemos las enseñanzas de Jesús, se filtran a través de nuestras preconcepciones, y todo lo que nos resulta ofensivo se elimina o se diluye. Si eso está ocurriendo, nos resistimos escuchar a Jesús. Si escuchamos algún mensaje que no se alinea con lo que aprendimos de nuestros abuelos o padres, lo resistimos. Incluso podríamos intentar que el mensajero sea eliminado. ¿Qué debe hacer Jesús con nosotros entonces? ¿Puede Él derribar el muro de piedra de nuestras ideas preconcebidas? Las enseñanzas de Jesús no pueden alcanzarnos si hemos perdido nuestra disposición a ver, oír, volverse y cambiar.

Si miramos más de cerca nuestras actitudes y formas, llegamos a otro problema: una actitud condescendiente. Juzgamos duramente a las multitudes originales porque tenían a Jesús hablando directamente a ellos, y sin embargo, muchos de ellos eligieron escuchar a sus líderes religiosos. Parece que muchos cristianos tienen el mismo problema hoy en día. Se unen a una iglesia porque les gusta el predicador. Cuando ese predicador se va, ellos también lo hacen. Si ese predicador se jubila y los sermones del nuevo predicador no les atraen, las multitudes se van. Jesús no se fue ni se jubiló, pero de alguna manera ese único predicador se convirtió en el único al que la gente quería escuchar. No podían oír a Jesús a través del siguiente predicador. Esta es una trampa demasiado real para los predicadores y las multitudes.

Quizás esa es una trampa que atrapa a los televangelistas y megaiglesias. Los líderes religiosos, incluso aquellos que intentan seguir a Jesús, quieren seguidores. Afinan sus habilidades y técnicas, e incluso su mensaje, para atraer a tantas personas como puedan; y hay muchas que serán atraídas. Estos predicadores son ingeniosos y astutos, divertidos y atractivos. Son el punto culminante de cada servicio, ya que la gente generalmente califica el servicio por lo bueno que fue el sermón. Si estos mensajeros son efectivos, pueden construir un gran seguimiento, que se convierte en una gran iglesia. Eso generalmente lleva a grandes edificios y grandes presupuestos. Luego se vuelve importante alimentar a la bestia para que la gente siga viniendo y se puedan pagar la infraestructura y los salarios. El predicador tiene que seguir atrayendo a las multitudes.

Este resultado deseado lleva a una consecuencia indeseable. La necesidad de seguir atrayendo a una multitud puede ejercer presión sobre el mensajero, el mensaje y las multitudes. Si el mensajero sigue el mismo camino que Jesús, entonces la impopularidad inevitablemente entra en juego, porque gran parte del mensaje de Jesús es impopular. ¿Seguirá el mensajero a Jesús cuando el mensaje sea impopular, o se adaptará a la multitud para seguir atrayéndola? ¿Escucharán las multitudes aún al mensajero cuando se ponga difícil e impopular, o se irán a otro predicador que sea popular en otro lugar y conocido por sus sermones reconfortantes? Lamentablemente, algunos mensajeros y multitudes terminan en un camino diferente al de Jesús en esos momentos.

Quizás tenemos algunas vigas que quitar de nuestros ojos para poder ver realmente a Jesús. Quizás necesitamos destapar nuestros oídos limpiando algunas voces que han obstaculizado nuestra capacidad de oír para poder escuchar realmente a Jesús. Quizás necesitamos redescubrir cómo ser estudiantes nuevamente, aprendiendo cosas nuevas que nos incomodan junto con las viejas cosas a las que necesitamos aferrarnos. Tenemos la oportunidad de recibir grandes tesoros de Jesús, y con eso, una gran misión. También tenemos la capacidad de perderlo todo al mantener a Jesús fuera de nuestros muros de piedra. Necesitamos averiguar a quién estamos escuchando realmente. Este es el hilo que nos habla ahora.

La Parábola del Sembrador (13:3-9, 18-23)

Habiendo sentado las bases, ahora nos dirigimos a la primera parábola que Jesús dio en este bloque de enseñanzas. Se trataba de un agricultor que sembraba semillas que caían en cuatro tipos diferentes de suelo. Algunos que han estudiado esta parábola la llaman la parábola de los suelos. Eso es comprensible ya que el suelo marca toda la diferencia en los resultados. Sin embargo, Jesús se refirió a ella como la parábola del sembrador, poniendo más énfasis en el sembrador. Vamos a mirar el suelo, pero trataremos de mantener el énfasis donde Jesús lo colocó.

El sembrador no se identifica en la parábola, pero considerando las enseñanzas dadas a lo largo de esta sección, podemos identificar fácilmente al sembrador. Inicialmente, es Jesús. Más tarde, son sus discípulos. Jesús está estableciendo expectativas realistas para sus discípulos cuando salgan con sus enseñanzas. No deben esperar que la mayoría de las personas que enseñen se conviertan en discípulos.

Comprender los tipos de suelo ayudaría a sus discípulos a entender las reacciones que encontrarían en su camino. No importa cuán claramente hablen las enseñanzas de Jesús, habría personas con corazones duros, y simplemente no entenderían el mensaje ni podrían recibirlo. Esto suena similar al hilo que identificamos, ¿verdad? Los discípulos encontrarían los mismos muros de piedra que Jesús. El resultado sería que Satanás podría quitar rápidamente la enseñanza antes de que pudiera echar raíces.

El segundo suelo sería particularmente desalentador para los discípulos cuando lo encontraran. Enseñarían el mensaje del reino a algunas personas que lo recibirían rápidamente y con alegría. Serían como un fuego fugaz, encendiéndose rápidamente, pero igualmente apagándose rápidamente. Seguirían las enseñanzas siempre y cuando no les costara nada, pero si ser seguidor de Jesús causara algún dolor o incomodidad, se irían.

El tercer suelo representaba a personas que les gustaba el mensaje del reino, pero no soltarían su deseo de dinero o sus preocupaciones sobre cómo salir adelante o avanzar. ¿Recuerdas las enseñanzas de Jesús en la primera sección? Tanto ricos como pobres tendrían dificultades para elegir la justicia de Dios sobre las preocupaciones relacionadas con el dinero. Los discípulos encontrarían que las personas a las que enseñaban lucharían con el mismo problema.

El cuarto suelo representaba a las personas que realmente se convirtieron en discípulos. Oirían y entenderían. Luego enseñarían a otros y ayudarían a extender el alcance del reino. Estas personas tenían oídos para oír, y la cosecha que traerían sería un gran aliento para los discípulos que los enseñaron.

Jesús presentó a sus doce seguidores una vista clara, un retrato preciso del terreno. Experimentarían una cosecha, pero también experimentarían fracaso y dolor que iban de la mano con la alegría de la cosecha. Derramarían sudor, sangre y lágrimas para llevar a las personas al reino. A veces parecería que tenían muy poco que mostrar por todos sus esfuerzos y sacrificios; y a veces, se sorprenderían de dónde ocurrió realmente la cosecha.

Me viene a la memoria una pareja joven que conocí cuando comenzaba como predicador. Estaba trabajando con una iglesia que había pasado por grandes pruebas y había perdido a muchos de sus miembros. Estaba luchando por sobrevivir cuando llegué. Estaba verdaderamente sin idea de cómo ayudar, pero a veces el Señor bendice a los ignorantes y ocurren cosas buenas. Esta pareja vivía en el apartamento justo al otro lado del estacionamiento de la iglesia. Tanto el esposo como la esposa estaban abiertos a escuchar el mensaje. La esposa estaba ansiosa por recibir el mensaje y pronto fue bautizada. No mucho después, el esposo también fue bautizado. Antes de escuchar el mensaje del reino, ambos habían sido consumidores de drogas, y el cerebro de la esposa había sido gravemente y de forma irreversible dañado por las drogas. Por edad, ella era adulta, pero tenía el nivel emocional e intelectual de una adolescente. El esposo no había sufrido tal daño, y quería aprender todo lo que pudiera sobre Dios y el reino. Cuando lo vi, sin embargo, estaba decepcionado. Tenía mucho que aprender, mucho por recorrer, antes de que pudiera ser de alguna utilidad en esa iglesia en apuros.

Confieso que oré a Dios por él. En mi oración, dije algo como: "Señor, pedí tu ayuda para levantar líderes espirituales para esta iglesia. Estoy agradecido por este nuevo hermano, pero no es un líder". Fue una oración bastante ignorante. Al año siguiente, vi a este joven discípulo entregarse completamente al trabajo del reino. En un tiempo increíblemente corto, estaba convirtiéndose en un líder espiritual. Para fin de año, estaba celebrando cómo Dios nos había traído al líder que necesitábamos. Luego, el joven me informó que se mudaría para un trabajo mejor remunerado que le permitiría apoyar mejor a su familia. Entonces me encontré lamentando la pérdida de un líder que necesitábamos. Me encontré quejándome a Dios en mis próximas oraciones por traernos un gran líder y luego dejarlo irse. Fue otra oración ignorante. Poco sabía quién era el siguiente que Dios nos traería.

Nunca sabemos de dónde vendrá la cosecha, especialmente cuando experimentamos momentos en los que no hay cosecha. Si has sido un maestro para Jesús y has sembrado la semilla del reino, puede que te hayas desalentado en algún momento porque parecía que no había cosecha. Quizás eso te llevó a enfocarte más en las buenas obras que en enseñar, porque sabías que la gente aceptaría tus buenas obras y te aceptaría a ti. Es difícil enfrentar el rechazo, pero esa es a menudo la vida de un discípulo de Jesús, pasando de una experiencia decepcionante a otra. Sin embargo, cuando llega la cosecha y el sembrador experimenta eso, no hay alegría comparable en este mundo. Incluso en nuestra decepción, podemos encontrar fortaleza y consuelo sabiendo que estamos en medio de la voluntad de Dios porque estamos caminando el mismo camino que caminó nuestro Maestro. Recuerda quién eres y lo que se te ha llamado a hacer. Eres uno de los nuevos maestros de Jesús de su ley. Mantén la cabeza en alto, mantén tus ojos en tu Señor y deja que tu boca hable libremente y a menudo sobre las enseñanzas que te ha dado.

Las Cizañas y el Campo (13:24-30, 36-43)

¿Cómo es el reino de los cielos? Cada una de estas parábolas restantes de Jesús ofrece cierta visión sobre esto. Algunas son bastante simples en estructura y contienen una única idea; sin embargo, la parábola sobre las cizañas en el campo tiene numerosos elementos, y los discípulos necesitaban ayuda para entenderla. Jesús contó la parábola cuando estaba con sus discípulos y las multitudes; la explicación ocurrió en privado después de que Jesús había regresado a la casa. Lo que Jesús le dijo a esos doce todavía brinda comprensión a todos hoy que quisieran ser sus seguidores. Ahora dirigimos nuestra atención a la parábola de las cizañas y el campo.

Cuando leíste la parábola, ¿la consideraste una parábola sobre el trigo o sobre las cizañas? Podríamos haber pensado que era sobre el trigo ya que eso fue lo que plantó el dueño. Sin embargo, los doce se fijaron en las cizañas, y le pidieron a Jesús que les explicara la parábola sobre las cizañas en el campo (13:36). Al igual que los siervos en la historia, las cizañas atrajeron su atención. ¿Por qué? Porque las cizañas presentaban problemas. No se suponía que debían estar allí. Quizás los discípulos notaron que las cizañas presentarían problemas cuando salieran a esparcir las enseñanzas de Jesús. Así que mantengamos nuestro enfoque en las cizañas mientras trabajamos en la parábola.

Cuando los primeros discípulos escucharon esta parábola y su explicación, una cosa que aprendieron de inmediato fue que el reino de los cielos está presente en esta tierra. Eso quedó claro cuando Jesús les dijo que el campo era el mundo. Cuando los discípulos salieran a difundir la palabra sobre el reino, no estarían solo enfocados en lo que sucedería en la era venidera; su mensaje era relevante para la vida en este mundo.

Otros elementos en esta historia involucran los dos poderes principales en la historia: el dueño y su enemigo. El dueño tenía el poder y la oportunidad de plantar trigo; el enemigo tenía el poder y la oportunidad de plantar cizañas. La siembra de cizañas revela algo sobre el enemigo: quería arruinar los esfuerzos del dueño. La presencia de cizañas ahogaría y disminuiría la cosecha que se había plantado. Ese era el intento del enemigo. Como era de esperar, el intento del dueño era tener una cosecha abundante, en la medida de lo posible. Jesús identificó al dueño como él mismo. Identificó al enemigo como el diablo.

Esta parábola reveló un escenario de conflicto entre los dos, un conflicto en el que los doce inevitablemente se involucrarían. La magnitud del conflicto debía ser mayor de lo que habían considerado. En su herencia judía, aceptaron que el Mesías lideraría a la nación judía en una revuelta exitosa contra su enemigo—el Imperio Romano. Jesús les enseñó algo diferente: en lugar de liderar a la gente en una rebelión contra Roma, serían parte de una fuerza que estaba enfrentándose directamente al diablo. Esa era una batalla y un conflicto de una magnitud mucho mayor.

El trigo nos da una idea de la intención de Jesús para el reino. El trigo era bueno, y así Jesús quería que su reino fuera bueno. Sin embargo, su reino no sería intocable. Podría ser dañado y disminuido por el diablo, al menos temporalmente. El esfuerzo del diablo para sembrar cizañas en el campo de trigo era su intento de hacer precisamente eso.

En la parábola, los siervos del dueño eran significativos para la historia, pero no fueron identificados por Jesús. Podríamos entenderlos como los seguidores de Jesús, quizás correctamente; sin embargo, Jesús identificó a sus seguidores en la historia como el trigo. Quizás los seguidores de Jesús constituían ambos grupos. Esos primeros doce seguidores definitivamente serían el trigo, al igual que cualquier seguidor posterior. El trigo tenía un papel en la historia—ser cosechado. Los siervos ayudaron a plantar el trigo y esperaban que su papel fuera deshacerse de cualquier cizaña. Sin embargo, descubrieron que ese no era su papel, ya que ese rol correspondía a los segadores. Cuando la parábola se movió al conflicto entre cizañas y trigo y la cosecha venidera, los siervos salieron de la historia mientras los segadores entraron en ella.

Los contrapartes del trigo eran las cizañas, los seguidores de Satanás. No solo estaban en el mundo, sino que estaban mezclados con los seguidores de Jesús. Jesús dijo a sus discípulos una verdad aterradora sobre las cizañas: parecían trigo. En otras palabras, podría ser difícil distinguir entre un seguidor de Jesús y un hijo del diablo. Esto no era porque hicieran las mismas cosas; más bien, Satanás es bastante bueno en el camuflaje. Más adelante, en otro momento y en otro escrito (2 Corintios 11:13-15), Pablo (uno de los seguidores de Jesús) escribió a otros seguidores que enfrentaban grandes problemas. Esas iglesias, que eran una parte del reino de los cielos, estaban teniendo problemas internos, y la fuente de los problemas eran los hijos del diablo. Se estaban haciendo pasar por hijos de la justicia, como parte de la iglesia. Satanás y sus hijos son buenos en disfrazarse, mezclarse entre los justos y causar problemas. Esto es lo que Jesús les dijo a sus primeros seguidores que esperaran cuando explicó esta parábola.

La solución no era que los trabajadores sacaran todas las cizañas, sino dejar que el dueño enviara segadores, aquellos que pudieran reconocer quién era realmente trigo y quién era realmente cizaña. El elemento de la cosecha de la parábola proclamó quién era el verdadero poder en la historia—era Jesús y no el diablo. Jesús enviaría ángeles para separar su reino. Esos ángeles recogerían a todos los que hicieron mal y causaron mal y los lanzarían a las llamas ardientes del infierno donde enfrentarían su juicio.

Esta solución fue mucho para asimilar para los discípulos de Jesús. A esos doce se les decía que su trabajo en el reino iba a ser difícil porque Satanás pondría a sus personas en el camino para oponerse a ellos, y tratería de deshacer sus esfuerzos para limitar su efecto. Eso probablemente no habría emocionado a los doce seguidores porque nadie quiere lidiar constantemente con el mayor y más malo matón del barrio. Sin embargo, eso era parte y parcela de su misión de ser seguidores y maestros de Jesús.

La parte alentadora de la explicación de Jesús, fue escuchar que Jesús y sus ángeles estaban de su lado. Jesús eventualmente y finalmente se desharía de las cizañas. Cuando eso suceda, al final de la era, entonces el trigo realmente brillará y será bendecido. El tiempo de la cosecha va a ser un gran momento para el trigo. Significa el fin de la lucha interminable con Satanás y sus seguidores. Significa no más luchas contra el mal o la tentación de ceder al mal. Significa no más luchas por sobrevivir y seguir siendo un hijo de la justicia. Para ellos, el tiempo de la cosecha era algo que esperar.

La cosecha no sera un buen momento para el diablo y sus hijos, sin embargo. Aquellos que han vivido como cizañas y causado tantos problemas en esta era no verán la siguiente, al menos no la parte buena de ella. La perspectiva de fuego ardiente y llanto y crujir de dientes no brinda consuelo a aquellos que se enfrentarán a tal destino; en cambio, les trae terror cuando reconocen lo que les espera.

Esta parábola se convertiría en parte de las enseñanzas que los discípulos contarían a otros. Compartirían un mensaje de conflicto, tanto interno como externo. Proclamarían un mensaje de perseverancia en medio de las luchas, de luchar contra las tentaciones de hacer el mal. Su mensaje proclamaría solo dos resultados posibles: liberación para algunos y destrucción para otros.

A medida que nos comparamos con esos primeros seguidores a través del lente de esta parábola, ¿qué notamos? ¿Qué aprendemos? ¿Hay algo nuevo que debemos considerar? Creo que, así como la parábola tiene muchos elementos, hay una serie de ideas y lecciones para nosotros hoy.

Para aquellos que ven seguir a Jesús de una manera que puedan llevarse bien con la cultura o intentar ganarla cediendo a ella, creo que solo experimentarán frustración, futilidad y un sentido de traición. Satanás solo actúa como si quisiera llevarse bien, al igual que sus hijos; pero su objetivo nunca cambia, ya que buscan destruir cualquier cosecha que Jesús pueda obtener. Cuando los hijos de la justicia intentan llevarse bien con una cultura llena de las cizañas del diablo, descubrirán que las cizañas se volverán contra ellos y los traicionarán a medida que su verdadero propósito salga a la luz. Es imposible estar en sintonía con personas que van en una dirección diferente, una que tiene un propósito que es el opuesto polar del de Jesús. Las enseñanzas anteriores de Jesús sobre ser tan astutos como las serpientes e inocentes como las palomas pueden estar resonando en tus oídos en este momento.

Otra idea se centra en los seguidores de Jesús que han asumido una habilidad que Jesús dijo que no pueden tener. Quieren ser los siervos del dueño y reclamar el papel de segadores. Son rápidos para identificar a aquellos que afirman no estar en el reino. Pueden estar en lo correcto a veces, pero no siempre lo estarán. El resultado será que sacarán a un hijo de la justicia y destruirán a esa persona porque la identificaron como hijo del diablo. Jesús le dijo a sus discípulos que dejara ese trabajo a los ángeles que enviará en el día de la cosecha y el juicio. En la historia, negó a los siervos el papel de segadores, por lo que sabemos que lo niega a cualquier persona que lo sirva hoy.

Hubo un tiempo en que yo habría estado entre aquellos que pensaban que podían identificar quién estaba salvado y quién estaba perdido, quién estaba siendo justo y quién estaba siendo malvado. Agradezco haber aprendido este elemento de la parábola porque me evitó hacer un gran daño. Solo un ejemplo sería el momento en que conocí a un cierto hombre que vivía con una mujer con la que no se casaría. Creía que eso era claramente malo, y aún lo creo, ya que ciertas enseñanzas bíblicas lo respaldan. He visto a Satanás hacer un gran daño a las personas con la mentira de que casarse no es necesario. Sin embargo, un día conocí a un hombre y una mujer sobre los que no estaba tan seguro.

Eran una pareja mayor que vivía en la pobreza en una casa deteriorada detrás de un bar. La mujer había vivido la mayor parte de su vida con esquizofrenia paranoide. Cuando estaba con su medicamento, funcionaba normalmente. Sin embargo, una de las complicaciones de esta enfermedad es que las personas que la padecen no sienten que necesitan el medicamento cuando lo están tomando. Cuando están bajo medicación, se sienten bien y están funcionando normalmente. El resultado es que muchos dejan de tomar su medicamento; poco después, vuelven a luchar bajo los terribles efectos de la enfermedad. Ese era el ciclo que esta mujer atravesaba continuamente. Tenía dos hijos adultos, un hijo y una hija, que finalmente se cansaron del ciclo de su madre y la dieron por perdida, y se negaron a asociarse con ella. Estaban cansados de recibir llamadas a medianoche porque su madre estaba caminando por alguna vecindad peligrosa en su bata de baño. Así que se lavaron las manos de su madre y salieron de su vida.

Había un hombre mayor que amaba a una mujer. No quería verla dañada. Estaba dispuesto a acogerla, cuidarla y amarla. Intentaría ayudarla a mantenerse con su medicación y estaría allí para protegerla cuando ella no la tomara. El problema que enfrentaba era que su medicina era muy cara y, además, muy necesaria. El seguro de su trabajo no cubriría su medicina si no estaban casados, e incluso si se casaran, no cubriría el costo debido al precio. Sin embargo, su seguro sí cubría el costo de la medicina, pero ella perdería su seguro si se casaba con este hombre. ¿Qué debería hacer en este dilema? Hizo lo único que sabía hacer: dejó que ella se mudara con él sin casarse para poder cuidarla. Sería como un esposo para ella, y ella como una esposa para él, pero no podían casarse.

Cuando conocí a este hombre y a esta mujer y conocí su historia, supe que no tenía alternativas para ellos. También supe que no tenía la capacidad para discernir si él estaba haciendo el mal o el bien. Sabía que mi papel era ayudar a estas dos personas de cualquier manera que pudiera, por pequeña que fuera esa ayuda, y dejar que Jesús y sus ángeles decidieran quién era este hombre y esta mujer. No me sorprendería ni me decepcionaría en lo más mínimo si los ángeles de Jesús los determinan como trigo y los incorporan con el resto de la cosecha.

Hay otra perspectiva sobre esta parábola que comparto contigo. Seguramente hay más que aprender, pero me limitaré a una más. Vivo en una cultura en la que ya no se cree en el juicio, un evento en el que habrá una separación entre los malos y los justos, donde los justos vivirán para siempre, y donde los malos serán lanzados a las llamas del infierno y destruidos. Noto que en mi cultura, todos van al cielo, y van directamente al cielo cuando mueren. No importa cómo vivió una persona, en qué creyó o a quién siguió. Todos reciben un boleto para el cielo cuando mueren. He visto en los periódicos imágenes de artistas de alguna persona famosa que acaba de morir, y la imagen muestra a esa persona caminando por las puertas de perlas del cielo, con alas de ángel y halos. También he asistido a funerales de creyentes, personas que creo sinceramente que son justas. En estos funerales, he escuchado a predicadores proclamar que la persona ya está en el cielo, charlando con sus seres queridos que han estado esperándola en el cielo desde su muerte. Estas son imágenes reconfortantes para nosotros, pero no son las imágenes que Jesús pintó en ninguna de sus enseñanzas, ciertamente no aquí. Por alguna razón, hemos desestimado las enseñanzas de Jesús sobre el día del juicio.

Quizás hemos cedido a nuestra cultura, no solo con la imaginería, sino también con el mensaje. Predicamos sobre el amor, y con razón. Sin embargo, cuando nos enfocamos tanto en el amor que descartamos el juicio para el mal, no estamos en lo correcto. Profesamos ser seguidores y mensajeros de Jesús y sus enseñanzas. Así que, si Jesús habló a menudo sobre el juicio, hemos perdido esa parte de nuestra enseñanza. Necesitamos empezar a escuchar a Jesús de nuevo. Necesitamos averiguar cómo hablar sobre el amor de Jesús y el juicio de Jesús. Ambos son reales, y el último no es prescindible solo porque nos incomode. Es parte del mensaje que la gente todavía necesita escuchar.

Cuando Jesús envíe a incontables personas que amó a las ardientes llamas del infierno, ¿tendrá algo que decir a los seguidores que guardaron silencio sobre ese juicio y no advirtieron a esas personas? Si Jesús mira a sus seguidores a los ojos después de pronunciar ese terrible juicio, ¿qué verán sus discípulos? Tal vez algunos de esos podrían ser salvados del juicio si tuviéramos el coraje de hablar sobre él. ¿No sería eso un amor real de nuestra parte?

La Semilla de Mostaza y la Levadura (13:31-33)

Las dos parábolas restantes que Jesús habló antes de dejar a las multitudes transmitieron el mismo mensaje: su reino iba a crecer exponencialmente más de lo que cualquiera podía imaginar en ese momento. Jesús estaba comenzando algo, y era solo un bebé en sus primeros pasos. Al igual que un pequeño recién nacido, su movimiento parecía pequeño para todos los que lo observaban. Los observadores de la cultura dominante estaban revisando su movimiento, pero probablemente les parecía insignificante. Después de todo, ellos tenían el establecimiento, las sinagogas y el templo; tenían una gran cantidad de líderes religiosos incrustados en la sociedad. ¿Qué tenía Jesús? Ni siquiera tenía una casa y contaba con doce hombres poco impresionantes que seguían sus enseñanzas. Jesús y sus seguidores podrían causar problemas para el establecimiento, pero solo serían una molestia temporal.

No cabe duda de que esos primeros doce discípulos se sintieron pequeños a veces, como cuando iban a pueblos y ciudades en parejas, dependiendo de la hospitalidad de los extraños, predicando su mensaje en las calles y en los campos en lugar de en las sinagogas. No habían sido seleccionados para ser discípulos de los rabinos establecidos y habían optado por profesiones menores, por lo que no habrían recibido automáticamente respeto y honor por parte de la gente. Mientras escuchaban a su maestro, probablemente tenían sus propias dudas sobre cuán efectivos serían, especialmente cuando Jesús les decía que se enfrentaban al diablo y a sus fuerzas.

El momento de estas dos parábolas fue excelente. Les dio a esos doce discípulos una visión de lo que iba a venir. Estaban ayudando a su maestro a comenzar algo que no podía ser detenido; crecería hasta convertirse en un movimiento más grande de lo que cualquiera de ellos podría imaginar. No estaban construyendo una sinagoga donde solo un número limitado de personas se reuniría; estaban construyendo un reino que atraería a personas de todas partes. En ese momento, no sabían quién vendría ni de dónde vendría, pero su maestro les decía que iba a ser enorme. Estas parábolas debieron haber sido un impulso de confianza para ellos, como deberían haber sido. Eran el comienzo de algo muy especial.

Miles de años después, hemos sido testigos de cómo este reino se ha expandido por todo el globo. Sin embargo, incluso nosotros no sabemos cuán grande es, pues hay lugares donde los discípulos no son contados porque están siendo perseguidos. No hay registros de iglesia en tales lugares. Los que están en el poder en esos países no quieren que se conozca el crecimiento del reino de Jesús allí, pero aún así, la información y las historias se filtran. Este reino continúa creciendo exponencialmente, y solo el Padre, el Hijo y el Espíritu conocen el tamaño real del mismo.

Este es un pensamiento alentador para los discípulos de Jesús hoy en día, ya que todavía podemos sentirnos pequeños e insignificantes. A veces nos preguntamos si estamos haciendo una diferencia. Las noticias que escuchamos generalmente solo reportan el mal que sucede a nuestro alrededor, aparentemente en todas partes. Si las noticias informan sobre algún acontecimiento espiritual, a menudo es despectivo, derogatorio o escandalizado. Así que hay momentos en los que los seguidores de Jesús necesitan una comprobación de la realidad, cuando necesitan ser recordados de que son parte de algo que sigue creciendo exponencialmente. Cada seguidor de Jesús que lleva a cabo su misión en este camino de discipulado está contribuyendo a ese crecimiento.

Hubo un verano en particular cuando me impresionó cuán asombroso es este reino y cuán imparable es. Fui parte del personal en un campamento bíblico de una semana para estudiantes de secundaria. No había un gran número de estudiantes presentes en esa sesión. Ni siquiera todas las cabañas estaban llenas. Quizás había entre cincuenta y sesenta estudiantes en esa sesión. Inicialmente, me pareció bastante decepcionante. Luego el Señor llamó mi atención; empecé a pensar más en lo que estaba sucediendo. Cincuenta o sesenta adolescentes habían renunciado a ocho días de sus vidas, dejando de lado trabajos de verano, redes sociales y su círculo normal de amigos. Durante esos ocho días, estaban pasando dos horas cada día estudiando la Biblia, varias horas en diferentes tipos de adoración, pasando su tiempo libre hablando sobre cosas espirituales, amándose unos a otros y siendo amados. Estaban orando y cantando con pasión numerosas veces cada día. Varios se entregarían y comprometerían sus vidas a seguir a Jesús a través de sus bautismos. Estaban construyendo fuerza espiritual para salir y luchar contra el diablo y sus fuerzas cuando salieran del campamento. ¡Qué realidad tan asombrosa estaba presenciando!

Luego mi comprensión mejoró aún más. Empecé a pensar en otros campamentos, campamentos por todo el país y por todo el mundo. ¿Cuántos adolescentes estaban en esas sesiones de campamento? Al igual que la sesión en la que estuve, esos campamentos se realizaban cada año. A eso se sumaban las otras sesiones de campamento para edades más jóvenes. La magnitud de solo estos campamentos bíblicos de verano era asombrosa. Ni siquiera tomaba en cuenta los otros trabajos de los discípulos con otras personas en sus sociedades. Cuando pensé en todo esto, me di cuenta de que no había forma de que el diablo pudiera detener el reino. No lo hizo entonces, y no lo hace ahora, no tiene suficiente poder, recursos o control para hacerlo.

Así que cuando salgas a hacer tu parte en el trabajo y la enseñanza del reino, tómate un momento para entender de qué eres parte. Estás involucrado en algo enorme que está creciendo aún más. Lo que estás haciendo como seguidor de Jesús es significativo, y tú eres significativo. No dejes que nadie te diga lo contrario, ni siquiera tú mismo.

El Tesoro y La Perla (13:44-46)

Necesitamos entender el entorno y el estado de ánimo en la sala cuando Jesús les contó a sus doce seguidores estas dos parábolas. Imagina que eras uno de esos doce. Jesús acababa de explicar la parábola de la cizaña en el campo. Qué realidad sobria para esos seguidores. Cuando decidieron seguir a Jesús, imaginaron que se enfrentarían a las fuerzas de Roma; no podían haber concebido que se enfrentarían a Satanás y sus huestes. Habían visto suficientes personas aterrorizadas por demonios para saber que Satanás era aterrador. ¿Te imaginas que alguno de esos doce estuviera dudando de seguir a Jesús? ¿Lo habrías hecho tú?

Una vez más, el momento de Jesús para estas parábolas es impecable. Cuando miras a esos doce, considera lo que habían dejado atrás para seguir a Jesús durante un período prolongado de tiempo, un período que aún continuaba. Sus vidas y estilos de vida se habían vuelto completamente diferentes. Ahora se les decía que las cosas se pondrían más difíciles y costosas. ¿Estaban en un punto en el que decidieron que los sacrificios superaban los beneficios?

Las dos parábolas que Jesús contó subrayaron algo que Jesús sabía que sus seguidores aún no conocían completamente: el reino de los cielos era un tesoro tan valioso que valdría todo lo que una persona dejara por él. No había manera de que esos doce pudieran realmente comprender esa verdad, pero necesitaban escucharla y confiar en que su maestro les decía la verdad. Necesitaban ser consolados.

Quizás estás en una situación similar mientras sigues a Jesús. Puede que lleves heridas y cicatrices increíbles que te infligieron el diablo y sus fuerzas, quizás incluso literalmente. Tal vez has pagado un gran precio en relaciones rotas o perdidas. Quizás has perdido tu medio de vida porque elegiste seguir a Jesús y sus enseñanzas en lugar de conducirte por los estándares de la cultura que te rodea. Quizás la gente te ha ridiculizado o maltratado porque les hablaste de las enseñanzas de Jesús. Hoy sabes que estás sufriendo. Al mirar hacia el futuro, ves más dolor en tu camino, quizás incluso un dolor peor. Tu maestro te dice que el reino vale todo eso y más. No puedes saberlo realmente, así que solo tienes que confiar en que tu maestro te dice la verdad. Él ha sido honesto y directo contigo desde el principio. ¿Confías en él, incluso con tu vida? Él espera que sí, y cuenta contigo, así como tú cuentas con él.

La Red y los Peces (13:47-50)

Cuando Jesús concluyó su tercer bloque de enseñanzas, lo hizo con una parábola que contenía imágenes con las que esos doce hombres estaban familiarizados, especialmente cuatro o cinco de ellos. Era una parábola sobre la pesca. Alrededor del Mar de Galilea, todos habrían visto con sus propios ojos cómo el pescador separaba los peces buenos de los malos. Varios de los hombres que Jesús llamó para seguirlo eran pescadores; ellos mismos habían hecho la separación de los peces malos de los buenos, desechando los malos y conservando los buenos. Tenían recuerdos mentales y musculares de esa separación.

En las parábolas anteriores, Jesús había dado razones positivas a los doce hombres para seguirlo a pesar de las dificultades y peligros que tenían por delante: el reino de los cielos tiene un valor mucho mayor que cualquier otra cosa en sus vidas. No deberían perder tal tesoro cuando se les ofrecía. En esta última parábola, Jesús ofreció una razón convincente para seguirlo yendo al otro extremo del espectro: evitar el fuego abrasador donde habrá llanto y crujir de dientes. ¿Tesoro o fuego? Era su elección.

Jesús sabía que ambas posibilidades debían ser escuchadas por esos doce hombres. Si iban a seguirlo por ese peligroso camino de discipulado, necesitaban saber lo que estaba en juego. No estarían luchando por alguna estrella dorada que pudieran lamer y pegar en un gráfico de rendimiento. Su recompensa era un tesoro mucho mayor. No seguir a Jesús no resultaría en un tiempo fuera en la esquina de su habitación; mucho peor, su juicio sería severo, terrible e inimaginable.

No había oferta que su enemigo, el diablo, pudiera hacer a esos doce hombres que fuera mayor que lo que Jesús ofrecía en el reino de los cielos. No había dolor que el diablo pudiera infligirles que fuera peor que lo que su Padre en el cielo podría hacerles, que era la destrucción de sus almas. Estas parábolas fueron un momento de conclusión para esos doce hombres. Cuando calcularon los pros y los contras de seguir a Jesús, ¿cuál era el saldo final y cuál era la mejor opción para esos doce hombres? Once de ellos entenderían la verdad de lo que Jesús enseñaba y lo seguirían hasta sus muertes. Sabían lo que querían y lo que no querían.

Ahora pensemos en nosotros. ¿Qué nos motivaría a caminar el peligroso camino de seguir a Jesús? ¿No respondemos tanto a las recompensas como a los castigos, a las zanahorias y al palo? Claro que sí. A cada edad de nuestras vidas, ambos han sido utilizados por aquellos que intentaban que hiciéramos algo que necesitábamos hacer. Necesitábamos tanto las zanahorias como el palo. A veces las zanahorias no funcionaban, y se necesitaba algún palo. A veces era al revés. Esa es nuestra naturaleza, así que Jesús nos hace saber que ambas opciones están sobre la mesa.

Nos guste o no, necesitamos escuchar ambas opciones. Como discípulos, estas opciones pueden evitar que abandonemos a Jesús. Para aquellos a quienes llamamos a seguir a Jesús, la presentación de estas dos opciones puede ser reveladora para ellos porque puede ser la primera vez que se les hable de la gravedad de su decisión. Con esta información, pueden tomar la mejor decisión, incluso si es una decisión difícil. Jesús no exageró una opción y minimizó la otra. Habló claramente y no ocultó nada a sus seguidores. Debemos hacer lo mismo con aquellos a quienes llamamos a seguir a Jesús.

¿Entendieron esos doce hombres lo que Jesús les estaba diciendo? Dijeron que sí. ¿Entiendes lo que Jesús te está diciendo? ¿Tienes una mejor comprensión de lo que significa seguir a Jesús después de haber pasado por tres bloques de enseñanzas específicas de Jesús sobre eso? Quizás comenzaste este examen de sus enseñanzas con emociones enfrentadas de miedo y exaltación; con suerte, trabajan juntas y crecen en resolución. Si estás escuchando a Jesús, puedes encontrarte fortalecido para el camino que tienes por delante. Aunque no puedas ver la siguiente curva, sabes que, sea lo que sea, no te desanimes. Sabes que seguirás a Jesús y que él vale todo lo que tienes que atravesar. Sabes que estás en una misión mucho más grande que asistir a la iglesia los domingos, y estás listo para vivir en grande. Sabes que no puedes caminar este camino solo, pero Jesús lo ha recorrido antes que tú, y él camina contigo. ¿Por qué? Porque él es tu maestro y tú eres su seguidor; en este camino, eso es lo que hace el maestro y sus seguidores: caminan juntos por el camino difícil.

Chequeo del Cinturón de Seguridad

Hay numerosas versiones de este poema en circulación. Parece que Mary Louis Stevenson fue la autora del original. Esta es un poco diferente, pero quizás te sirva como un chequeo del cinturón de seguridad en este momento. Quizás, en algún momento, te mantendrá en el camino que Jesús te ha llamado a recorrer.

Huellas en la Arena

Una noche soñé un sueño.

Mientras caminaba por la playa con mi Señor,

A través del cielo oscuro aparecían escenas de mi vida.

Para cada escena, noté dos pares de huellas en la arena,

Uno perteneciente a mí y otro a mi Señor.

Después de que la última escena de mi vida pasó ante mí,

Miré hacia atrás en las huellas en la arena.

Noté que en muchos momentos a lo largo del camino de mi vida,

Especialmente en los momentos más bajos y tristes,

Solo había un par de huellas.

Esto me preocupó mucho, así que le pregunté al Señor sobre ello.

"Señor, dijiste que una vez que decidiera seguirte,

Caminarías conmigo todo el camino.

Pero noté que durante los momentos más tristes y problemáticos de mi vida,

Solo había un par de huellas.

No entiendo por qué, cuando más te necesitaba, me dejaste."

Él susurró, "Mi precioso hijo, te amo y nunca te dejaré,

Nunca, jamás, durante tus pruebas y tribulaciones.

Cuando viste solo un par de huellas,

Fue entonces cuando yo te cargué."

Mateo 18
Cuatro Bloque de Enseñanza

En aquel momento se acercaron los discípulos a Jesús y le preguntaron: "¿Quién es el mayor en el reino de los cielos?" ² Él llamó a un niño y lo puso en medio de ellos. ³ Y dijo: "De cierto os digo que si no os volvéis y os hacéis como niños, no entraréis en el reino de los cielos. ⁴ Así que el que se humille como este niño, ése es el mayor en el reino de los cielos. ⁵ Y el que reciba en mi nombre a un niño como este, a mí me recibe.

⁶ "Pero al que haga tropezar a uno de estos pequeñitos que creen en mí, mejor le sería que se le colgara una piedra de molino al cuello y que se le hundiera en lo profundo del mar. ⁷ ¡Ay del mundo por los tropiezos! Porque es necesario que vengan tropiezos, pero ¡ay de aquel hombre por quien viene el tropiezo! ⁸ Por tanto, si tu mano o tu pie te fuera ocasión de caer, córtalos y échalos de ti; mejor es entrar en la vida cojo o manco, que tener dos manos o dos pies y ser echado en el fuego eterno. ⁹ Y si tu ojo te fuera ocasión de caer, sácalo y échalo de ti; mejor es entrar en la vida con un ojo que tener dos ojos y ser echado en el infierno de fuego.

¹⁰ "Mirad que no menospreciéis a uno de estos pequeñitos; porque os digo que sus ángeles en los cielos siempre ven el rostro de mi Padre que está en los cielos.

¹² "¿Qué os parece? Si un hombre tiene cien ovejas y una de ellas se extravía, ¿no deja las noventa y nueve en los montes y va a buscar la que se ha extraviado? ¹³ Y si la encuentra, de cierto os digo que se regocija más por aquella oveja que por las noventa y nueve que no se extraviaron.

¹⁴ Así es la voluntad de vuestro Padre que está en los cielos, que no se pierda uno de estos pequeñitos.

¹⁵ "Si tu hermano peca, ve y repréndelo entre tú y él solo; si te oyere, has ganado a tu hermano. ¹⁶ Pero si no te oyere, toma aún contigo a uno o dos, para que en boca de dos o tres testigos conste toda palabra. ¹⁷ Si no les oyere a ellos, díselo a la iglesia; y si no oyere a la iglesia, tenle por gentil y publicano.

¹⁸ "De cierto os digo que todo lo que hasta aquí atéis en la tierra, será atado en el cielo; y todo lo que hasta aquí desatéis en la tierra, será desatado en el cielo.

¹⁹ "Otra vez os digo que si dos de vosotros se pusieren de acuerdo en la tierra sobre cualquier cosa que pidieren, les será hecho por mi Padre que está en los cielos. ²⁰ Porque donde están dos o tres reunidos en mi nombre, allí estoy yo en medio de ellos."

²¹ Entonces Pedro se le acercó y le dijo: "Señor, ¿cuántas veces perdonaré a mi hermano que peque contra mí? ¿Hasta siete veces?"

²² Jesús le dijo: "No te digo hasta siete veces, sino hasta setenta veces siete.

²³ "Por eso el reino de los cielos es semejante a un rey que quiso hacer cuentas con sus siervos. ²⁴ Y comenzando a hacerlo, le fue presentado uno que le debía diez mil talentos. ²⁵ Como no pudo pagar, ordenó su señor que le vendieran a él, a su mujer, a sus hijos y todo lo que tenía, para que se le pagase la deuda.

²⁶ "Entonces aquel siervo, postrándose, le dijo: 'Señor, ten paciencia conmigo y te lo pagaré todo.' ²⁷ El señor de aquel siervo, movido a misericordia, le soltó y le perdonó la deuda.

²⁸ "Pero saliendo aquel siervo, halló a uno de sus consiervos que le debía cien denarios; y, agarrándole, le ahogaba, diciendo: 'Págame lo que me debes.' ²⁹ Entonces su consiervo, postrándose a sus pies, le rogaba, diciendo: 'Ten paciencia conmigo y te lo pagaré.' ³⁰ Mas él no quiso, sino que fue y le echó en la cárcel hasta que pagase la deuda.

³¹ "Viendo sus consiervos lo que pasaba, se entristecieron mucho y fueron y le contaron a su señor todo lo que había pasado. ³² Entonces su señor, llamándole, le dijo: 'Siervo malo, te perdoné toda aquella deuda porque me rogaste. ³³ ¿No debías tú también tener misericordia de tu consiervo, así como yo tuve misericordia de ti?' ³⁴ Entonces su señor, enojado, le entregó a los verdugos hasta que pagase toda la deuda.

³⁵ "Así también mi Padre celestial hará con vosotros si no perdonáis de corazón cada uno a su hermano sus ofensas."

Preparación para la Enseñanza

Comenzamos este cuarto bloque de enseñanza como lo hicimos con los tres primeros. Tómate el tiempo que necesites para leerlo, tantas veces como sea necesario, para familiarizarte con las enseñanzas. Toma algunas notas sobre lo que te llama la atención mientras lees las enseñanzas. Anota cualquier pregunta que te surja también. Quizás compartimos algunos de los mismos pensamientos. Cuando estés listo, podemos avanzar. No tenemos prisa, y queremos familiarizarnos lo suficiente con las enseñanzas para construir comprensión en ellas.

El Hilo Conductor

Al buscar este hilo, puede que te resulte difícil encontrarlo. La primera parte de la enseñanza de Jesús tiene un enfoque definido en los niños. La segunda parte de sus enseñanzas se centra en perdonar a las personas que no merecen perdón. ¿Qué posible hilo conecta las dos partes? Te sugiero que el hilo que recorre este cuarto bloque de enseñanza es comprender quién es digno de honor en el reino de los cielos. En una cultura mundana, la persona digna de honor es exaltada y bienvenida, pero la persona considerada indeseable se considera como irrelevante y desechable. Vamos a ver si este posible hilo se mantiene en el texto.

¿A quiénes podrían considerar esos doce hombres como indignos de honor, irrelevantes o desechables? Los niños podrían ser uno de esos grupos de personas. En esa cultura judía, los niños no ocupaban posiciones de honor. Estos doce hombres fueron elegidos por Jesús, seleccionados por él, para ser sus maestros y ayudarle a construir un reino. Ellos serían el tipo de personas que serían honradas. La construcción del reino era un trabajo bastante importante, y estos hombres tomaron sus roles en ese trabajo en serio. Sin embargo, cuando respondieron al llamado de Jesús para seguirle, trajeron consigo algo de equipaje: su mentalidad cultural.

Cuando vives en una cultura, a menudo es difícil identificar cómo esa cultura te ha moldeado. Estos doce hombres tenían el mismo problema que nosotros. Eran ciegos al hecho de que llevaban su cultura a su comprensión de cómo seguir a Jesús en cuanto al honor. Al igual que su cultura, estos doce hombres deseaban el honor. La búsqueda del honor era el dominio de los hombres en su cultura. Los niños pequeños no eran centrales en esa búsqueda. ¿Qué tiempo tienen los hombres importantes para los niños cuando están construyendo un reino? Ninguno, ya que no se les consideraba iguales; los niños pequeños eran irrelevantes y más una molestia para los doce hombres encargados de construir un gran reino.

¿A quién más podrían esos doce tratar como indigno de honor? Pedro reveló la respuesta a esa pregunta cuando preguntó sobre la persona que seguía pecando contra él. ¿Cuánto tiempo esperaría Jesús que soportara a tal persona? Seguramente, habría un momento en el que Pedro podría dar por terminada ese relación. ¿Qué tal después del séptimo pecado? Invertir tiempo en una persona era una manera de darle honor, y siete veces era mucho honor. Seguramente, una persona que seguía haciendo daño a otra no merecía tal honor.

¿Es entonces este el hilo que recorre la enseñanza? Tómate un momento y lee los encuentros que Jesús tuvo después de este bloque de enseñanzas. ¿Se esperaba que un hombre honrara a su esposa y el pacto matrimonial si estaba descontento con ella (19:1-12)? ¿Debían los discípulos honrar a los niños dándoles tiempo con Jesús para una bendición (19:13-15)? ¿Debería un hombre rico preocuparse por los pobres vendiendo sus posesiones y honrarlos con una parte de su riqueza (19:16-30)? Jesús contó una parábola que mostró que aquellos que llegaron más tarde al reino eran igualmente dignos del mismo honor que aquellos que llegaron antes (20:1-16). Jesús instruyó a sus discípulos nuevamente que estaba dispuesto a darlo todo por su misión y morir por ella, otorgando así honor a aquellos por quienes murió (20:17-19). Jesús corrigió a Santiago y Juan cuando su madre buscó directamente honor y grandeza para sus hijos (20:20-28). Jesús detuvo su marcha hacia Jerusalén y pasó tiempo sanando y honrando a dos ciegos que eran irrelevantes para todos los demás (20:29-34).

Creo que la cuestión de quién es digno de honor recorre las enseñanzas y los encuentros posteriores. Ese honor se daba a otros al ponerlos antes que uno mismo. Jesús no quería que sus seguidores fueran como la cultura y valoraran el yo sobre los demás. Sus seguidores estaban llamados a ir en contra de la cultura en este aspecto.

Debería tomarme un tiempo para evitar que mis palabras sean malinterpretadas y mal aplicadas en este punto. Hay una dinámica que se ha expuesto más en nuestros tiempos, conocida como violencia doméstica. ¿Debemos tomar las enseñanzas de Jesús en esta sección para imponerle a una víctima de violencia doméstica el mandato de permanecer en esa relación como una forma de honrar su pacto matrimonial? No. El abusador ya ha deshonrado el pacto matrimonial y al cónyuge a través del abuso. La culpa de deshonrar a un cónyuge y tratarle como desechable recae en el abusador, no en el abusado. Huir del abuso, especialmente para proteger a los niños, no viola las enseñanzas de Jesús.

La Búsqueda del Honor (18:1)

Cuando Jesús dio sus primeras enseñanzas en la montaña, sus doce seguidores elegidos escucharon su acusación contra los fariseos y los maestros de la ley sobre cómo perseguían el honor. Las enseñanzas de

Jesús no podrían haber sido más claras. Sin embargo, los doce seguidores no aplicaron estas enseñanzas a sí mismos. En sus mentes, estaban participando en la manera culturalmente aceptada de obtener honor. Los fariseos y los maestros de la ley fueron reprendidos por Jesús porque perseguían el honor de manera hipócrita. Estos doce seguidores de Jesús no se veían a sí mismos como hipócritas. La búsqueda del honor era importante en su cultura. Cada hombre no solo deseaba ser honrado, sino que se esperaba que persiguiera el honor.

En esa antigua cultura judía, había una cantidad limitada de honor que se podía repartir, por lo que la única manera en que un hombre en esa cultura podía obtener más honor era si algún otro hombre perdía honor ante él en un entorno público. Cuando los doce seguidores preguntaron a Jesús quién era el mayor en su reino de los cielos, no estaban tratando de obtener honor para sí mismos quitándoselo a Jesús. Sabían que él era el líder. Lo que estaban intentando hacer era tomar honor de los otros once para ganar más para ellos mismos. Este era el pensamiento de los buenos hombres judíos de aquella época: ganar honor a expensas de los demás.

Si esos doce hombres podían hacer que Jesús, su líder, reconociera cuál de ellos sería su mano derecha en el reino, en presencia de los otros once, entonces se produciría esa transferencia de honor. Los doce esperaban que Jesús nombrara a uno de ellos. Es importante señalar que estos doce hombres no estaban tratando de atrapar a Jesús o de provocarlo. Según su cultura, estaban participando en una noble y abierta búsqueda de honor.

Un problema con esta búsqueda de honor por medios culturales era que cada competidor vería a la otra persona como menos significativa. No importaba qué vergüenza o humillación se adjuntara al perdedor en el desafío de honor. Si perdían honor, se merecían ser menos significativos. Esta actitud era un área donde Jesús iba en contra de la cultura; no encajaba en su reino.

Antes de adentrarnos más en las enseñanzas de Jesús, necesitamos reflexionar sobre dónde impactan estas enseñanzas en nuestros corazones. ¿Cómo buscamos el honor? ¿A quién le damos honor, y a quién se lo negamos? Hagamos estas preguntas no como ciudadanos de nuestra cultura, sino como seguidores de Jesús. ¿Seguimos las enseñanzas de Jesús, o imitamos nuestra cultura?

Consideremos la búsqueda del honor. El honor no es algo malo, por supuesto; no lo fue para Jesús, y no lo es en su reino. La preocupación surge sobre cómo buscamos adquirirlo. ¿Nuestros esfuerzos nos levantan a nosotros mismos y derriban a los demás? ¿Tratamos a los demás como si fueran insignificantes mientras buscamos nuestro honor? ¿O nos vemos a nosotros mismos como menos importantes y levantamos a los demás mientras buscamos el honor?

Recuerdo un evento después de que los terroristas atacaron los Estados Unidos el 11 de septiembre de 2001. En ese día, murieron miles, más resultaron heridos, y un número incontable estaba de luto. Fue un tiempo extraño para este país en los días y semanas que siguieron. Poco a poco, la gente comenzó a encontrar un camino hacia adelante.

Por todo el país, las comunidades comenzaron a encontrar su camino hacia adelante recordando y honrando a los caídos, a los héroes y a los quebrantados a través de asambleas cívicas. Asistí a una de esas reuniones en una pequeña comunidad. En esta, el alcalde pidió a una adolescente que cantara el himno nacional para comenzar. Luego hizo que varios líderes locales hablaran. Hizo que un predicador local y un sacerdote local ofrecieran oraciones. Después de eso, invitó a cualquier otro predicador y sacerdote presente a subir y ofrecer oraciones también.

Me senté y observé cómo estos predicadores se alineaban y se acercaban al micrófono. Presencié algo bueno transformarse en algo poco decoroso. Cada predicador se acercaba al micrófono para orar, pero antes de orar, cada uno ofrecía algún relato sobre dónde estaba y qué estaba haciendo cuando escuchó acerca de los ataques. La asamblea escuchó una historia personal tras otra que exaltaba a cada predicador. Las oraciones que cada predicador ofrecía eran grandilocuentes y floridas, como si cada uno intentara superar a los otros en el ojo público. No sé si esto era lo que alguno de ellos había intentado, pero fue lo que ocurrió. El enfoque se había desviado de aquellos a quienes se suponía que se debía honrar hacia los predicadores. Parecía una competencia pública para estos predicadores para obtener honor.

Hubo un predicador que se abstuvo, sin embargo. Se sintió incómodo al unirse a esa procesión y decidió pasar la invitación. Cuando todos los predicadores habían terminado sus discursos y oraciones, el alcalde se acercó al micrófono y notó a ese predicador restante sentado allí en silencio. El alcalde invitó educadamente a ese predicador a cerrar los actos con una oración. Ese predicador lo hizo, sin hacer ningún discurso, sin lenguaje florido, y manteniendo el enfoque en los demás por quienes se le había pedido que orara.

Esa imagen destaca para mí como dos formas de obtener honor. Solo una fue la forma del reino, la que humillaba al yo y levantaba a los demás. Quizás tengas tus propios recuerdos de observar la búsqueda del honor de maneras que levantaron al yo y no a los demás. Tal vez otros incluso resultaron heridos, pero no importaba al que había obtenido honor a expensas de ellos. Quizás fue la búsqueda de reconocimiento y promoción en el trabajo. Quizás fue la búsqueda de algún cargo electo. Quizás fue el simple deseo de elevarse en los ojos de los demás al derribar a alguien en la escala social.

Nos hemos acostumbrado a ver estas cosas en la cultura. Quizás incluso estamos acostumbrados a verlas en las iglesias. Sin embargo, necesitamos recordar las enseñanzas de Jesús, porque él nunca se acostumbrará a ellas. Algunas personas que buscan honor público de las maneras equivocadas pueden descubrir que se perderán el reino. Eso podría incluso ser cierto para los discípulos.

La Reprimenda de Jesús y la Respuesta Inicial (18:2-14)

¿Qué tan fuerte se sintió Jesús sobre lo que iba a enseñar a sus doce seguidores, aquellos que había elegido personalmente? Estás a punto de escuchar la profundidad de sus convicciones. Jesús llamó a un pequeño niño y lo hizo poner en medio de esos doce hombres y él mismo. Luego miró a esos doce hombres a los ojos y les dijo a cada uno de ellos: "De cierto os digo que si no os volviereis y os hicierais como niños, no entraréis en el reino de los cielos." En enseñanzas anteriores, Jesús había dicho que los fariseos y los maestros de la ley no entrarían en su reino tal como eran. Ahora les decía a sus doce seguidores, sus nuevos maestros de la ley, que ellos también estaban en un camino que les haría perderse el reino.

Eso debía ser una fría bofetada para esos doce hombres. Habían interpretado totalmente mal a Jesús; de hecho, ni siquiera lo habían escuchado realmente. Cada uno de ellos pensaba que estaban en camino de ser la mano derecha de Jesús, y resulta que estaban al borde de ser excluidos del reino. Su forma de pensar los pondría en el camino equivocado. Para evitar este terrible destino, tenían que someterse a un cambio radical en su pensamiento. También tenían que ir en contra de la cultura. Lo que se les había enseñado como honorable era despreciado en el reino al que querían entrar.

Jesús usó al niño para enseñarles a sus doce más sobre el honor de lo que esperaban. Primero, los hizo mirar al niño, sabiendo que probablemente habían pasado por alto al niño desde el principio. En lugar de colocarlos como modelos para el niño, colocó al niño como modelo para ellos. ¿Cómo así? En esa cultura judía, los niños pequeños no estaban atrapados en la búsqueda del honor. A una edad tan temprana, estaban enfocados en otras cosas, como comer, dormir o jugar. El honor no era una preocupación para los niños pequeños. Jesús quería que sus doce adoptaran la actitud de un niño pequeño en esa cultura, una actitud que no estuviera consumida por adquirir honor a expensas de los demás. Tenían que deshacerse de esa forma de buscar honor o perderse el reino por completo. No había necesidad de preocuparse por ser la mano derecha en un reino si ni siquiera eran parte de él.

Jesús no se detuvo ahí. Continuó enseñando a sus doce aún más lecciones sobre los niños que necesitaban aprender. No solo deberían usarlos como modelo en este asunto de buscar honor, sino que también deberían darles la bienvenida. Los niños eran personas importantes en el reino; no eran pequeñas molestias para ignorar y dejar a alguien más. No tardaría mucho en descubrir que los doce seguidores no entendieron esta lección (Mateo 19:13-15). Las actitudes que estaban arraigadas en estos doce hombres desde su juventud no se desechan fácilmente y pueden reaparecer rápidamente. Estas actitudes eran realmente difíciles de eliminar, pero era necesario liberarse de ellas.

Aún más importante, estos seguidores necesitaban asegurarse de no hacer tropezar a ningún niño. ¿Realmente esos doce hombres hicieron tropezar a los niños? Probablemente no deliberadamente o incluso conscientemente. Sin embargo, si no veían a los niños como personas dignas de atención y honor, podían fácilmente herir a un niño y hacer que tropezara. Esta lección era tan crítica que Jesús profundizó más en ella. Por ejemplo, si alguien hiciera tropezar a un niño, sería mejor para él ser ahogado en el mar. Si tenían alguna actitud hacia los niños que los hiciera tropezar, necesitaban eliminarla de sus vidas o enfrentar ser enviados al infierno por hacer tropezar a un niño. Además, Jesús les informó que los niños eran tan honrados por el Padre en el cielo que le dio a cada uno un ángel para cuidarlos. Dado que esos ángeles estaban siempre ante el Padre, los doce podían estar seguros de que el Padre sabría quién, cuándo y cómo ese niño fue hecho tropezar. La implicación era que nadie escaparía al juicio por tal maldad.

Para asegurarse de que los doce entendieran cuánto valoraba y honraba el Padre en el cielo a los niños, Jesús les contó una parábola sobre un pastor que iba tras una oveja perdida. En la parábola, la oveja perdida era un niño que se había desviado (tropezado). El pastor dejó a noventa y nueve ovejas para que se defendieran solas para encontrar ese cordero perdido. No dejó de buscar hasta que lo encontró, y celebró más por esa oveja solitaria que por las noventa y nueve que nunca se habían desviado. En caso de que los doce no entendieran la parábola, Jesús se la explicó: el Padre en el cielo no quiere perder ni un solo niño que ha creado. Es probable que esos doce hombres, al menos momentáneamente, estuvieran incómodamente conscientes de cómo no habían honrado a los niños. Quizás incluso miraron de manera diferente a ese niño pequeño que estaba frente a ellos.

Ahora dirigimos nuestro enfoque a cómo tratamos a los niños. ¿Cómo encajan los niños en nuestra visión del mundo como discípulos adultos? Cuando estamos involucrados en el trabajo del reino, ¿dónde encajan los niños? Tal vez tu experiencia sea diferente de la mía, pero la mía ha sido mixta. He visto a discípulos adultos involucrarse completamente en Escuelas Bíblicas de Vacaciones, campamentos de verano y ayudar en hogares de jóvenes. He conocido a discípulos que renunciaron a tiempo de vacaciones, donaron grandes cantidades de dinero y recursos, y que dejarían todo lo demás si supieran de un niño que necesitara su ayuda. También he experimentado sentarme en anuncios semanales de la iglesia donde había una solicitud continua de algunos adultos, cualquier adulto, para ayudar en una guardería o en algún tipo de adoración infantil. He visto a iglesias luchar por conseguir maestros de escuela bíblica porque los adultos temían quedarse con los niños y no poder asistir a una clase para adultos nuevamente.

Honrar a los niños a menudo requiere renunciar al yo para que sus necesidades puedan ser satisfechas. Cuando algunos seguidores entienden esto, vemos que ocurren cosas maravillosas y los niños son grandemente bendecidos. Cuando solo unos pocos entienden esto, vemos reticencia y agotamiento y a los niños siendo tratados como una carga. Por eso necesitamos asegurarnos de que cada seguidor de Jesús escuche sus enseñanzas sobre los niños.

Conozco a una mujer discípula de Jesús que deseaba estar en el tiempo de adoración principal de su iglesia. Deseaba ser alimentada espiritualmente a su nivel adulto. Sin embargo, estaba cansada de escuchar los interminables anuncios, semana tras semana, sobre la necesidad de alguien para liderar la adoración infantil durante ese tiempo. Decidió que si nadie más respondía al llamado, ella lo haría. Eso comenzó una experiencia de varios años de ella llevando a cabo ese ministerio para los niños. ¿Por qué varios años? Lamentablemente, parte de ello fue porque nadie más estaba dispuesto a servir en esa capacidad. Increíblemente, también fue porque esta mujer llegó a un punto en el que no quería renunciar a ello. Amaba a esos niños, y Dios la estaba nutriendo de otras maneras a través de ellos. Vivió la enseñanza de Jesús de dar la bienvenida y cuidar a los niños y fue grandemente bendecida.

Reflexionando sobre otra parte de las enseñanzas de Jesús, es sin duda una visión contracultural ver a los niños pequeños como modelos cuando se trata de la búsqueda del honor. Todos sabemos que los niños pueden ser egoístas y crueles con otros niños. Jesús también lo sabía, aunque enseñó a sus discípulos a hacerse como niños pequeños. Entonces, ¿por qué enseñaría tal lección? Quizás sea por el lado más dulce de los niños que Jesús los hizo un modelo para los adultos. También hemos visto la maravilla y la belleza que se revela cuando observamos a los niños actuar desinteresadamente, sin preocuparse por lo que hay para ellos sino pensando en los demás. En esos momentos, tocan nuestros corazones y entendemos por qué Jesús enseñaría esto.

Esto es mucho contracultural para asimilar, pero necesitamos permanecer con Jesús un poco más y aplicar todas sus enseñanzas a nosotros. Cuando miramos las enseñanzas de Jesús sobre hacer tropezar a los niños y los niños teniendo ángeles que continuamente están ante el Padre en el cielo, deberíamos sentir un fuerte sentido de responsabilidad. Deberíamos tener la sensación de que cada niño es un regalo de Dios que se nos confía. Lo último que nuestro Padre celestial quiere ver es que un niño se aleje de él. Lo último que Dios quiere hacer es traer juicio sobre esos niños porque se alejaron de él. Así que hará todo lo posible para encontrarlos y salvarlos antes de que eso suceda, y responsabilizará a todos los que son responsables de que estos pequeños se alejen de él.

¿No es notable que cada niño tenga un amor puro y una alegría sincera cuando tienen la oportunidad de ser parte de clases bíblicas, Escuelas Bíblicas de Vacaciones, Iglesia Infantil, y similares? Esto no es solo porque esas cosas son divertidas; la razón es más profunda. Los niños aún están en sintonía con el Creador. En su inocencia, tienen una conexión con El. Aman a Dios. Les encanta escuchar sus historias y cantar canciones sobre él. Aman a Jesús. Tienen una pasión por Dios que no pusimos allí; solo la fomentamos. Qué terrible es, entonces, cuando hacemos algo que mata esa pasión por Dios.

¿Qué hará el Padre que está en el cielo con esos adultos que hacen que los niños que creen en El tropiecen y se alejen? Se nos informa que traerá su juicio sobre esos adultos responsables. Esas eran las partes de ser ahogado con una piedra de molino y el fuego del infierno en las enseñanzas de Jesús. ¿Es esa una idea sobria que llama nuestra atención? Debería serlo. Deberíamos pensar en las innumerables formas en que hemos visto a los niños ser dañados que los llevaron a alejarse del Padre. ¿Cómo podemos pensar que pasa desapercibido para el Padre cuando degradamos a sus hijos al abusar de ellos emocional, física, sexual o verbalmente? Este es un abuso espiritual el que el Padre no pasará por alto. Cuando un niño que cree en Jesús deja de creer debido a alguna forma en que un adulto lo trató, Jesús no tenía palabras compasivas o consoladoras para esa persona. ¿Podría esa persona arrepentirse y cambiar su corazón y sus formas? Seguramente sí, pero esa persona debería saber que sería de suma importancia hacerlo rápidamente. Las piedras de molino y los fuegos del infierno podrían venir sobre ellos rápidamente si no lo hacen. El Padre observa a sus hijos y sabe todo lo que se les hace; necesitamos recordar esto.

Quizás hay discípulos adultos que se echan atrás de cualquier ministerio con niños porque esto es tan serio. Sin duda, hay personas que no deberían involucrarse en el ministerio infantil porque tienen algún rasgo de carácter espiritualmente defectuoso. Esas personas hacen bien en evitar dicho ministerio y permitir que Dios las sane y las use en otros trabajos del reino. Sin embargo, los niños no pueden ser completamente evitados en el reino, pues son parte de él. Así que cada seguidor de Jesús necesita asegurarse de que sus actitudes y acciones hacia esos niños sean lo que su Señor espera de ellos.

Una Respuesta Adicional sobre Honrar a los Demás (18:15-20)

Si Jesús estaba dando enseñanzas a personas que querían seguirle, enseñanzas sobre cómo seguirle y lo que esto implicaba, ¿podemos esperar enseñanzas cálidas y reconfortantes que nos consuelen y nos prometan arcoíris y helados? Hasta ahora, no hemos encontrado que sea así; de hecho, hemos oído lo contrario. ¿Por qué es esto?

No es porque Jesús sea algún tipo de masoquista que disfrute viendo a sus seguidores pasar por un dolor y sufrimiento extremos. Eso no se alinea en absoluto con sus enseñanzas sobre el amor y su ejemplo de vida amando, especialmente a los no amados. La razón de tales enseñanzas duras es que el enemigo de Jesús—Satanás—ha torcido y pervertido tanto este mundo que cualquier movimiento que promueva la santidad y el amor será ampliamente rechazado y oposicionista. El reino de Jesús se expande al tomar "terreno" del enemigo, y ese enemigo no cede nada ni a nadie sin una pelea. El enemigo ha arraigado tanto sus valores en las culturas de este mundo que cualquier enseñanza de Jesús será contracultural. Esto significa que sus enseñanzas siempre serán difíciles, y recorrer el camino que Jesús caminó siempre será complicado y peligroso. Seguimos a Jesús por este camino no porque sea fácil, sino porque es el único camino que conduce a la vida (mira Juan 6:60-69).

No deberíamos sorprendernos, entonces, de que Jesús desafíe a su cultura y a la nuestra con una enseñanza aún más radical sobre honrar a los demás. Podemos tener problemas para honrar consistentemente a los niños, recibirlos e imitar sus mejores cualidades, pero estamos dispuestos a intentarlo. Los niños tienen una cualidad adorable. Sin embargo, hay algunas personas que consideramos no adorables—por ejemplo, alguien que nos ha hecho daño una y otra vez. Probablemente puedes imaginar en tu mente el rostro de tal persona en este momento. Ahí es donde nos llevan las enseñanzas de Jesús ahora y donde llevaron a sus primeros discípulos entonces.

En la enseñanza de Jesús, se le da honor a tal persona cuando la parte ofendida se esfuerza por redimir la relación. El ofensor puede ser considerado indigno por la mayoría de las personas, pero el discípulo de Jesús lo trata como si fuera digno al intentar llevar la relación de vuelta a un lugar saludable (recuerda, Jesús no estaba enseñando sobre cómo tratar con un abusador). Los discípulos de Jesús no sólo intentarían provocar la curación y restauración de una relación rota, sino que estaban instruidos a hacerlo muchas veces y de muchas maneras. Se apoyarían mutuamente en tales esfuerzos. Esta era una enseñanza increíblemente radical en ese tiempo y cultura. Para estar seguros, lo sería en cualquier época y en cualquier cultura, pero en ese momento y cultura, la gente vivía bajo la mentalidad de "ojo por ojo y diente por diente". Podríamos asumir fácil y justamente que esos doce hombres estaban escuchando con los ojos muy abiertos y las mandíbulas caídas mientras luchaban por aceptar esta enseñanza.

Una píldora adicional para esos doce que tragar era que la persona que había sido agraviada sería la que iniciaría esta restauración, no la persona culpable de hacer el agravio. Esta enseñanza no estaba muy alejada de las enseñanzas sobre poner la otra mejilla e ir la milla extra. Jesús no estaba eximiendo al ofensor de ninguna responsabilidad, sino que estaba enseñando a los ofendidos la respuesta adecuada, que era todo lo que podían controlar. Lo que podría haber parecido al revés para esos doce hombres en realidad les daba más influencia en el resultado final de la reconciliación.

Lo que hacía la píldora aún más difícil de tragar era que Jesús esperaba que sus seguidores siguieran intentando restaurar la relación incluso después de que la otra persona hubiera rechazado los intentos y hubiera negado cualquier culpa o responsabilidad. En ese punto, esos doce hombres podrían haber estado atragantándose con esa píldora, pero Jesús dijo que sus seguidores honrarían la relación y a la persona culpable más que a su propio orgullo y ego. Sin duda, Jesús sabía cuán dispuestos estarían las personas a alejarse de una relación después de sólo un esfuerzo mínimo para restaurarla. Sin duda sabía cuán obstinadas podían ser las personas al admitir su culpa. Si sus seguidores no estaban dispuestos a ir a tales extremos para reconciliarse, Jesús eventualmente gobernaría un reino donde nadie se llevaría bien con nadie. Su cultura circundante era evidencia de cómo la gente sufría debido a relaciones rotas; su reino ofrecería una experiencia diferente y mucho mejor simplemente por su énfasis en la reconciliación.

Jesús vio que llegaría un punto en el que ningún esfuerzo de ningún tipo tendría éxito en restaurar una relación rota. No mantenía a sus discípulos en espera indefinidamente. Sabía que a veces tendrían que seguir adelante con una relación dañada a sus espaldas, pero eso no resultaría de una falta de esfuerzo por parte de sus seguidores. Sin embargo, habría un aspecto positivo que surgiría de este esfuerzo fallido. Los hermanos o hermanas ofendidos no se alejarían de la relación llenos de ira. En su lugar, sentirían tristeza y dolor. ¿Por qué sería eso bueno? Porque estaban sintiendo amor por el ofensor y no odio. Todo el esfuerzo realizado por el ofendido hacía que ese cambio fuera inevitable. Ellos, al menos, estarían en un mejor lugar cuando el amor llenara sus corazones.

A medida que Jesús concluía sus instrucciones sobre los múltiples y variados esfuerzos para honrar a las personas que habían roto relaciones, les informó que no se involucrarían en esos esfuerzos de reconciliación solos. De hecho, Jesús y su Padre estarían íntimamente involucrados. Ese es el mensaje en 18:18-20. Estos textos han confundido a los seguidores y también han sido mal aplicados. Para evitar cometer el mismo error, necesitamos recordar que estas enseñanzas tienen lugar en el contexto de reconciliar relaciones rotas.

Jesús enseñó a esos doce hombres que lo que ataran en la tierra sería atado en el cielo, y lo que desataran en la tierra sería desatado en el cielo. ¿Qué significaba esa enseñanza? Es bastante simple de entender cuando se considera el contexto. Siempre que un discípulo trabajara para restaurar una relación rota, el Padre honraría lo que los esfuerzos del discípulo hubieran logrado. Si ocurría perdón y restauración, el Padre honraría ese resultado. Si un pecado era perdonado y dejado ir para que eso ocurriera, el Padre estaría de acuerdo con eso. Si la reconciliación no podía lograrse porque la parte culpable se negaba a reconocer su error y responsabilidad, el discípulo tenía el poder de proclamar que la culpa de la otra persona seguía sobre ella, y el discípulo ya no estaba atado a la relación. El Padre en el cielo estaría de acuerdo con eso. Este atar y desatar en la tierra sería reconocido y honrado por el Padre en el cielo.

Jesús prometió además que siempre que estos discípulos se reunieran para trabajar en la restauración de la relación, él estaría allí, en el centro de todo, con ellos. Esta parte de su enseñanza no se trataba de que Jesús estuviera con dos o tres discípulos siempre que se reunieran para adorar, aunque no hay razón para dudar de eso. Más bien, se trataba del contexto de esos discípulos reuniéndose para trabajar en la reconciliación. Esto es tan importante para Jesús que prometió estar íntimamente involucrado en ese esfuerzo.

Estas últimas enseñanzas tuvieron algunas repercusiones bastante grandes. Para empezar, cualquier restauración que ocurriera sería una experiencia sagrada debido a la participación del Padre y el Hijo con los discípulos. La reconciliación no sería solo un esfuerzo humano, y el impacto no se limitaría sólo al ámbito terrenal. Además, tanto el Padre como el Hijo estaban dando un poder significativo a los seguidores de Jesús para traer perdón o juicio sobre otras personas. Eso se dio a los seguidores de Jesús en otro conjunto de enseñanzas y en otro contexto (Mateo 10:12-15). Jesús dio honor y respeto a sus seguidores cuando los empoderó para hacer tales juicios que podrían traer ya sea una bendición o una maldición. Para Jesús, restaurar relaciones rotas con personas que no merecían ese honor era algo muy importante; quería que sus discípulos tuvieran el mismo valor, por lo que les dio las herramientas que necesitarían si solo tuvieran el mismo corazón que él.

¿Compartimos este valor con nuestro Maestro? ¿Extenderemos honor a la persona que nos ha hecho daño y que no ha pedido perdón? Ellos no merecen el honor, pero ese no es el criterio que Jesús nos presenta. Les damos este honor porque Jesús nos lo instruyó. Así como él encarnó su enseñanza en la cruz, espera que sus discípulos la encarnen en sus vidas incluso cuando duela. Esta enseñanza nos desafía mucho porque queremos descartar a estas personas como muchos en nuestra cultura hacen.

Tal vez daremos un servicio de labios a la enseñanza haciendo un esfuerzo mínimo e insincero hacia la reconciliación. ¿Recuerdas cuando uno de tus padres te hizo disculpar y reconciliarte con un hermano o hermana con el que estabas enojado, o tal vez con un amigo? Pasaste por los movimientos de reconciliación porque tenías que hacerlo; tal vez incluso abrazaste o diste la mano. Sin embargo, no lo sentías realmente. Eso nos resume, ¿verdad? Sin embargo, cuando tenemos que seguir intentando, e incluso involucrar a otros en el proceso, tenemos que ser reales y honestos en nuestros esfuerzos. Pasamos bien más allá del servicio de labios en esfuerzos y deseos sinceros de reconciliación. Con suerte, los esfuerzos que llevamos a cabo cambiarán el corazón de nuestro ofensor. Los esfuerzos definitivamente cambiarán el nuestro.

Hemos visto ejemplos de esto en las noticias a veces. Nos sorprendió, confundió, tal vez incluso enojó, cuando vimos a seguidores de Jesús hacer lo que la cultura no podía imaginar o siquiera tolerar. Cuando Brandt Jean perdonó públicamente a Amber Guyger en una sala de tribunal por matar a su hermano, Botham, en octubre de 2019 (esto incluyó abrazarla mientras ella lloraba en su abrazo), la cultura se sorprendió. Algunos incluso se enojaron.

En octubre de 2006, después de que Charles Roberts entró en una escuela de una sola sala en Pennsylvania y disparó a diez niñas Amish, matando a cinco de ellas, él mismo se disparó y se mató. Las culturas de este mundo quedaron sorprendidas cuando vieron cómo la comunidad Amish honró a la familia de Charles Roberts. Aparecieron en el funeral de Charles Roberts para mostrar apoyo a sus padres. Se acercaron con amor y miraron más allá de su dolor para ofrecer sanación y reconciliación entre familias. Dieron honor a padres que muchos ya habían juzgado y considerado indignos de tal honor.

No están en las noticias los innumerables actos de discípulos de Jesús dando honor a las personas que les han hecho daño; lo hacen trabajando arduamente para perdonar y restaurar las relaciones rotas. Lo que parece totalmente imposible en nuestra cultura ha demostrado ser muy posible cuando uno sigue verdaderamente a Jesús por este camino difícil. Aquellos que siguen estas enseñanzas no escapan al dolor, pero experimentan lo notable y hermoso porque Jesús se encuentra allí y se involucra.

No todo esfuerzo hacia la reconciliación es exitoso, ya que la persona culpable tiene algo que decir en el resultado. El perdón puede ser dado por el ofendido, pero la relación puede no ser restaurada debido a que el ofensor se niega a reconocer culpa y responsabilidad, o porque se niega a cambiar. A veces los mejores esfuerzos no pueden evitar ese resultado hoy, más de lo que podría haberlo hecho para esos primeros doce seguidores. Eso no significa que el esfuerzo fue en vano, sin embargo, porque los discípulos de Jesús podrán seguir adelante y experimentar sanación y libertad de ira y odio. Ese es el poder que Jesús trae a estos esfuerzos.

Cuando los culpables se niegan a reconciliarse aceptando la responsabilidad o cambiando, ¿qué les sucede? No solo sufren la pérdida de la relación, sino que también enfrentan el juicio del Padre en el cielo, quien honra lo que los seguidores de Jesús ataron y desataron. Eso no será bueno para aquellos que rechazaron los esfuerzos de reconciliación de los seguidores de Jesús.

Obtenemos lo que Damos (18:21-35)

¿Cómo concluyó Jesús su cuarto bloque de enseñanza? Con una parábola, por supuesto. Esas historias eran excelentes maneras de reforzar sus enseñanzas, y Jesús era hábil en contarlas.

Lo que provocó la parábola de Jesús fue una pregunta que uno de sus seguidores le había hecho: ¿Cuántas veces debo perdonar a alguien que sigue haciéndome daño? ¿Siete veces es suficiente? Esa pregunta fue hecha por Pedro, y era una pregunta justa. Seguramente siete veces mostraría suficiente misericordia. Cualquiera que necesitara más perdón que eso seguramente no merecía el honor de ser perdonado nuevamente. Sin embargo, Jesús pensó que sí lo merecía. Dio una cantidad aún mayor de perdón a Pedro por su consideración, pero el número no era el punto. La enseñanza de Jesús era que sus discípulos nunca debían cerrar la puerta al perdón de los demás. La parábola explica por qué.

El punto focal de la historia es un siervo que debía una deuda mayor de lo que podía pagar a su amo. Diríamos que su deuda era astronómica, una que habría sido imposible de pagar. Cuando se enfrentó a un severo juicio por parte del rey para recuperar sus pérdidas, el siervo pidió misericordia y la recibió. Habiendo sido perdonado, el siervo fue liberado. Tras su liberación, se encontró con un compañero siervo que le debía una cantidad mucho menor de dinero. Incluso cuando su compañero siervo pidió misericordia, el primer siervo se negó a mostrarla y arrojó al hombre a prisión hasta que pudiera pagar su deuda. Las acciones de este siervo despiadado llevaron a una reacción en cadena en la que fue llevado de vuelta ante su amo y recibió un juicio aún peor que el que había impuesto a su compañero siervo.

El punto de la parábola es claro: aquellos que han recibido misericordia deben estar dispuestos a darla. De lo contrario, recibirán el juicio que dieron. Jesús dijo a sus discípulos que debían dar lo que habían recibido, o recibirían lo que dieron. Cuando obtienes misericordia, da misericordia. Si obtienes misericordia y fallas en dar misericordia, entonces recibirás el juicio que diste.

La aplicación de la parábola es donde esos doce se habrían sentido humillados. En la aplicación, el siervo despiadado era Pedro y los otros once seguidores. Jesús representó a sus discípulos como los villanos de su historia. El rey era el Padre en el cielo. Ya el dinamismo de la parábola es sorprendente porque Jesús está representando a su seguidor como aquel que había hecho mal tantas veces que había acumulado una deuda impagable con Dios. El compañero siervo era significativo también. Representaba a la persona no digna de la que Pedro había preguntado, la que le había hecho daño siete veces. En la parábola, él es el que el oyente siente compasión, y el primer siervo es el que provoca enojo en los oyentes. Podemos estar bastante seguros de que a Pedro y sus compañeros discípulos no les gustó esta parábola.

Lo que la parábola puso de relieve fue que estos doce hombres, aunque habían sido elegidos por Jesús para ser sus maestros, no eran ángeles. Eran el tipo de hombres que habían necesitado perdón muchas veces. Eran doce hombres que habían pecado una y otra vez y que eran dignos de juicio del Padre en el cielo. Sin embargo, el Padre los había perdonado de todo lo que habían hecho mal. ¿Cómo podrían entonces dar la vuelta y negarse a dar misericordia a alguien que les había hecho menos daño de lo que ellos habían hecho al Padre en el cielo? Esta realidad replanteaba toda la cuestión sobre quién necesitaba perdón y con qué frecuencia debería concederse.

Por difícil que haya sido para esos doce hombres escuchar esa parábola, lo que Jesús dijo a continuación fue aún más difícil. Recordamos la dura represión que Jesús tuvo para sus seguidores cuando comenzó su enseñanza: "A menos que cambien y se hagan como niños, nunca entrarán en el reino." Esa declaración tenía un golpe aterrador.

Jesús concluyó sus enseñanzas con una afirmación que no fue menos aterradora: "Así también mi Padre celestial hará con ustedes, si no perdonan de corazón a su hermano o hermana." Esa declaración llegó después de la historia en la que el rey, enojado, entregó al siervo despiadado a los carceleros para ser torturado. Jesús no estaba simplemente pidiendo a sus seguidores que fueran personas perdonadoras; lo estaba exigiendo. Más aún, su perdón hacia las personas que lo necesitaban una y otra vez tenía que ser sincero. Si no llegaban tan lejos con su perdón, esos discípulos enfrentarían un juicio terrible del Padre celestial.

En este cuarto bloque de enseñanzas, Jesús no dio absolutamente ningún margen para que sus discípulos tomaran un respiro. Vio la cultura en la que vivían esos hombres y conocía sus corazones. Sabía que debían experimentar un cambio radical si iban a vivir, así como a enseñar su mensaje sobre el reino. Sabía que estaba enviando a esos seguidores en una misión en la que podrían fácilmente volverse endurecidos e implacables. Si eso sucedía, perderían una característica definitoria que Jesús quería en todos sus seguidores. Eso no podía suceder, y Jesús no lo permitiría.

Al reflexionar sobre esta parábola, la encuentro más fácil de digerir que la declaración final de Jesús. La parábola es difícil de vivir, por supuesto, pero no imposible. Jesús nunca llamó a sus seguidores a intentar lo imposible; todas sus enseñanzas están al alcance de las capacidades de las personas para seguirlas. Sin embargo, he notado que la última declaración de Jesús no recibe mucha atención. Es casi como si Jesús nunca la hubiera dicho. Los predicadores y maestros guían a las personas a través de la parábola y, casi siempre, si es que alguna vez lo hacen, no se enfocan en la última declaración.

En la práctica, he visto a cristianos hacer una pretensión de perdonar a otros con palabras vacías, pero era fácil ver que sus corazones no estaban en esas palabras; era aún más evidente cuando no había acciones que respaldaran sus palabras. Nunca consideraron que la falta de sinceridad en el perdón a los demás ponía en peligro sus propias almas. Tampoco parecían considerar que el Padre en el cielo podía ver a través de sus palabras vacías. Ni siquiera parecían tener en cuenta cuánto les había perdonado su Padre, y que esa sola razón era la que deberían usar para otorgar la misma misericordia a los demás.

Al reflexionar sobre este bloque de enseñanzas de Jesús, sería provechoso reflexionar sobre cualquier relación que se haya roto en tu vida, y quizás algunas de ellas permanezcan rotas. Toma tu pluma y papel y anota los nombres de esas personas. Mientras miras los nombres, visualiza sus rostros. Recuerda lo que ocurrió para romper la relación, si es que lo puedes recordar. Luego piensa en esto: ¿qué emoción sentirías si te encontraras inesperadamente cara a cara con esa persona hoy? Si esa emoción te resulta incómoda e inquietante, quizás el Espíritu te está revelando algo. Quizás necesites dedicar algo de tiempo a considerar cómo puedes perdonar a esa persona de corazón. Si encuentras una manera de hacerlo, mi creencia es que experimentarás una bendición especial y liberadora. Jesús sabe de lo que está hablando; los discípulos solo necesitan aprender a confiar en él y poner sus enseñanzas en práctica.

Al concluir este cuarto bloque de enseñanzas de Jesús, deberíamos tener una imagen más clara de lo que realmente es el honor: cómo se da, a quién se le da y por qué se da. Estas son enseñanzas muy humildes y difíciles de Jesús. La Biblia está llena de enseñanzas sobre la importancia que Dios otorga a cómo las personas tratan a otras personas. No debería sorprendernos que Jesús se manifieste con tanta fuerza en estas enseñanzas sobre el honor. Si realmente escuchamos a Jesús, haremos un mejor camino en esta senda de discipulado.

Chequeo del Cinturón de Seguridad

La perspectiva puede marcar la diferencia cuando enfrentas un desafío. Puede ser la diferencia entre el éxito y el fracaso. El desafío en sí no cambia, pero una perspectiva diferente te permite ver el desafío y abordarlo de manera distinta.

Voy a pintar una imagen y luego te haré una pregunta: ¿Te gustaría estar allí? Este es solo un ejercicio simple de perspectiva. Aquí está la imagen: Ves una cabaña en un claro en algunos bosques del norte. La cabaña, el suelo y los árboles están cubiertos por una gruesa capa de nieve. No hay carreteras visibles, pero ves una parte del faro de un coche que apenas se distingue; de lo contrario, el coche está enterrado en la nieve. Hay largos péndulos de hielo colgando de cada sección del techo de la cabaña. Ves un termómetro anticuado en el porche delantero de la cabaña, pero no ves rojo en el termómetro y hay péndulos de hielo colgando de él. Sabes que hace un frío extremo.

Ves árboles balanceándose y nieve en remolino, por lo que sabes que sopla un viento fuerte y frío. Es de noche, pero los cielos están despejados y llenos de estrellas. En los bordes oscuros de la imagen, puedes distinguir las imágenes de una manada de lobos hambrientos acechando. Están caminando de un lado a otro, buscando cualquier oportunidad para comer lo que puedan.

Al mirar más de cerca la cabaña, ves columnas de humo saliendo de la chimenea. Ves un resplandor amarillo saliendo por las ventanas. Mirando a través de las ventanas sucias, ves una chimenea encendida.

Alrededor de la chimenea están adultos y niños, sonriendo y bebiendo de tazas que tienen rastros de vapor saliendo de ellas.

Esta es la imagen. ¿Te gustaría estar allí? Eso depende de cuál sea la imagen dominante en la que estés enfocado en la imagen. ¿Es la profunda nieve, los péndulos de hielo, el viento helado, el termómetro, el coche enterrado en la nieve, la falta de una carretera visible para salir, la manada de lobos hambrientos? O es el cálido resplandor en las ventanas, el fuego rugiente, las caras sonrientes, los niños felices, las tazas calientes de alguna bebida? En lo que te enfoques es tu perspectiva de la imagen. Tu perspectiva determina cómo respondes a la pregunta.

Lo mismo ocurre con seguir a Jesús. Si te enfocas en los aspectos difíciles, como los desafíos, ir en contra de la cultura, la oposición y el maltrato que vendrá, no querrás estar allí. Sin embargo, si te enfocas en las bendiciones de las relaciones restauradas, las conexiones más profundas y de calidad, y el flujo de honor de ida y vuelta, querrás estar allí. La perspectiva correcta es un buen cinturón de seguridad que llevar.

Mateo 24-25
Quinto Bloque de Enseñanzas

24 Jesús salió del templo y se alejaba cuando sus discípulos se le acercaron para señalarle los edificios del templo. ² "¿Ves todo esto?" les preguntó. "En verdad os digo que no quedará aquí piedra sobre piedra; todo será derribado."

³ Mientras Jesús se sentaba en el Monte de los Olivos, los discípulos se le acercaron en privado. "Dinos," le dijeron, "¿cuándo sucederá esto y cuál será la señal de tu venida y del fin del mundo?"

⁴ Jesús respondió: "Mirad que nadie os engañe. ⁵ Porque vendrán muchos en mi nombre, diciendo: 'Yo soy el Cristo,' y engañarán a muchos. ⁶ Oiréis de guerras y rumores de guerras, pero no os alarméis. Es necesario que todo esto suceda, pero el fin aún no es inmediato. ⁷ Se levantará nación contra nación y reino contra reino; habrá hambres y terremotos en diversos lugares. ⁸ Todo esto es sólo el comienzo de los dolores de parto.

⁹ "Entonces os entregarán para ser perseguidos y muertos, y seréis odiados por todas las naciones a causa de mi nombre. ¹⁰ En ese momento muchos se apartarán de la fe, se traicionarán y se odiarán unos a otros, ¹¹ y surgirán muchos falsos profetas que engañarán a muchos. ¹² Y debido al aumento de la maldad, el amor de muchos se enfriará, ¹³ pero el que persevere hasta el fin será salvo. ¹⁴ Y este evangelio del reino será predicado en todo el mundo como testimonio a todas las naciones, y entonces vendrá el fin.

¹⁵ "Por tanto, cuando veáis en el lugar santo 'la abominación desoladora' de la que habló el profeta Daniel—el que lee, entienda—, ¹⁶ entonces los que estén en Judea huyan a los montes. ¹⁷ El que esté en la azotea no descienda para tomar algo de su casa. ¹⁸ Y el que esté en el campo no vuelva atrás para tomar su capa. ¹⁹ ¡Qué gran calamidad será en aquellos días para las mujeres embarazadas y las que críen! ²⁰ Orad para que vuestra huida no sea en invierno ni en sábado. ²¹ Porque habrá una gran tribulación, como no la ha habido desde el principio del mundo hasta ahora, ni la habrá jamás.

²² "Y si aquellos días no se hubieran acortado, nadie se salvaría; pero por causa de los escogidos, aquellos días serán acortados. ²³ Entonces, si alguno os dice: 'Mirad, aquí está el Cristo' o 'Allí está,' no lo creáis. ²⁴ Porque se levantarán falsos cristos y falsos profetas, y harán grandes señales y prodigios para engañar, si fuera posible, a los escogidos. ²⁵ Mirad, os lo he dicho de antemano.

²⁶ "Así que, si os dicen: 'Está en el desierto,' no salgáis; o 'Está en los aposentos interiores,' no lo creáis. ²⁷ Porque así como el relámpago que sale del este y se muestra hasta el oeste, así será la venida del Hijo del Hombre. ²⁸ Donde esté el cadáver, allí se juntarán las águilas.

²⁹ "Inmediatamente después de la tribulación de aquellos días:" 'El sol se oscurecerá, y la luna no dará su luz; Las estrellas caerán del cielo, y los cuerpos celestes serán sacudidos.'

³⁰ "Entonces aparecerá la señal del Hijo del Hombre en el cielo; y entonces todas las tribus de la tierra harán duelo, y verán al Hijo del Hombre viniendo sobre las nubes del cielo con poder y gran gloria. ³¹ Y

enviará a sus ángeles con gran voz de trompeta, y reunirán a sus escogidos de los cuatro vientos, desde un extremo del cielo hasta el otro.

32 "Aprended de la higuera esta parábola: Cuando ya su rama se pone tierna y brotan las hojas, sabéis que el verano está cerca. 33 Así también vosotros, cuando veáis todas estas cosas, conoced que está cerca, a las puertas. 34 En verdad os digo que no pasará esta generación hasta que todo esto acontezca. 35 El cielo y la tierra pasarán, pero mis palabras no pasarán.

36 "Pero de aquel día y hora nadie sabe, ni aún los ángeles de los cielos, sino sólo mi Padre. 37 Como en los días de Noé, así será la venida del Hijo del Hombre. 38 Porque como en los días antes del diluvio estaban comiendo y bebiendo, casándose y dando en casamiento, hasta el día en que Noé entró en el arca, 39 y no supieron nada hasta que vino el diluvio y se los llevó a todos, así será también la venida del Hijo del Hombre. 40 Entonces estarán dos en el campo; uno será tomado y el otro dejado. 41 Dos mujeres estarán moliendo en el molino; una será tomada y la otra dejada.

42 "Velad, pues, porque no sabéis a qué hora ha de venir vuestro Señor. 43 Pero sabed esto: Si el padre de familia supiera a qué hora el ladrón había de venir, velaría y no dejaría minar su casa. 44 Por tanto, también vosotros estad preparados, porque a la hora que no pensáis, el Hijo del Hombre vendrá.

45 "¿Quién, pues, es el siervo fiel y prudente al cual su señor ha puesto sobre su casa para que les dé el alimento a tiempo? 46 Bienaventurado aquel siervo al cual su señor, cuando venga, le halle

haciendo así. ⁴⁷ En verdad os digo que le pondrá sobre todos sus bienes. ⁴⁸ Pero si aquel siervo es malo y dice en su corazón: 'Mi señor tarda en venir,' ⁴⁹ y comienza a golpear a sus consiervos y a comer y beber con los borrachos, ⁵⁰ vendrá el señor de aquel siervo en el día en que no lo espera y a la hora que no sabe, ⁵¹ y le castigará severamente, y le asignará su parte con los hipócritas; allí será el llanto y el crujir de dientes.

25 "Entonces el reino de los cielos será semejante a diez vírgenes que tomaron sus lámparas y salieron a recibir al esposo. ² Cinco de ellas eran prudentes y cinco insensatas. ³ Las insensatas tomaron sus lámparas, pero no tomaron consigo aceite. ⁴ Las prudentes tomaron aceite en sus frascos, juntamente con sus lámparas. ⁵ Y tardándose el esposo, cabecearon todas y se durmieron.

⁶ "Pero a medianoche se oyó un clamor: '¡Aquí viene el esposo! ¡Salid a recibirle!' ⁷ Entonces todas aquellas vírgenes se levantaron y arreglaron sus lámparas. ⁸ Y las insensatas dijeron a las prudentes: 'Dadnos de vuestro aceite, porque nuestras lámparas se apagan.' ⁹ Pero las prudentes respondieron, diciendo: 'Para que no nos falte a nosotras y a vosotras, id más bien a los que venden y comprad para vosotras mismas.' ¹⁰ Pero mientras ellas iban a comprar, vino el esposo, y las que estaban preparadas entraron con él a la boda, y se cerró la puerta.

¹¹ " Después vinieron también las otras vírgenes, diciendo: 'Señor, señor, ábrenos.' ¹² Pero él respondió: 'En verdad os digo que no os conozco.' ¹³ "Velad, pues, porque no sabéis el día ni la hora.

¹⁴ "Porque el reino de los cielos es como un hombre que, yéndose al extranjero, llamó a sus siervos y les entregó sus bienes. ¹⁵ A uno le dio

cinco talentos, a otro dos, y a otro uno, a cada uno conforme a su capacidad; y luego se fue de viaje. [16] El que había recibido cinco talentos fue y negoció con ellos, y ganó otros cinco talentos. [17] Asimismo, el que había recibido dos ganó también otros dos. [18] Pero el que había recibido uno fue y cavó en la tierra, y escondió el dinero de su señor.

[19] "Después de mucho tiempo volvió el señor de aquellos siervos y arregló cuentas con ellos. [20] Y acercándose el que había recibido cinco talentos, trajo otros cinco talentos, diciendo: 'Señor, cinco talentos me entregaste; mira, he ganado otros cinco talentos.' [21] Su señor le respondió: 'Bien, buen siervo y fiel; sobre poco has sido fiel, sobre mucho te pondré; entra en el gozo de tu señor.'

[22] "Y acercándose también el que había recibido dos talentos, dijo: 'Señor, dos talentos me entregaste; mira, he ganado otros dos talentos.' [23] Su señor le respondió: 'Bien, buen siervo y fiel; sobre poco has sido fiel, sobre mucho te pondré; entra en el gozo de tu señor.'

[24] "Pero llegando también el que había recibido un talento, dijo: 'Señor, sabía que eres hombre duro, que siegas donde no sembraste y recoges donde no esparciste. [25] Tuve miedo, y fui a esconder tu talento en la tierra; aquí tienes lo que es tuyo.' [26] "Pero su señor le respondió: 'Siervo malo y negligente. Sabías que siego donde no sembré y recojo donde no esparcí. [27] Pues debías haber dado mi dinero a los banqueros para que al volver yo hubiera recibido lo que es mío con interés. [28] 'Por tanto, quitadle el talento, y dadlo al que tiene diez talentos. [29] Porque a todo el que tiene se le dará y tendrá más; pero al que no tiene, aún lo que

tiene se le quitará. **³⁰** Y al siervo inútil echadle en las tinieblas de afuera; allí será el llanto y el crujir de dientes.

³¹ "Cuando el Hijo del Hombre venga en su gloria, y todos los ángeles con él, entonces se sentará en su trono de gloria. **³²** Y serán reunidas delante de él todas las naciones, y apartará a unos de otros, como aparta el pastor las ovejas de los cabritos; **³³** y pondrá las ovejas a su derecha, y los cabritos a su izquierda.

³⁴ "Entonces el Rey dirá a los de su derecha: 'Venid, benditos de mi Padre; heredad el reino preparado para vosotros desde la fundación del mundo. **³⁵** Porque tuve hambre, y me disteis de comer; tuve sed, y me disteis de beber; fui extranjero, y me recogisteis; **³⁶** estuve desnudo, y me cubristeis; enfermo, y me visitasteis; estuve en la cárcel, y vinisteis a mí.'

³⁷ "Entonces los justos le responderán, diciendo: 'Señor, ¿cuándo te vimos hambriento y te sustentamos, o sediento y te dimos de beber? **³⁸** ¿Cuándo te vimos extranjero y te recogimos, o desnudo y te cubrimos? **³⁹** ¿Cuándo te vimos enfermo o en la cárcel y te fuimos a ver?'

⁴⁰ "Y respondiendo el Rey les dirá: 'En verdad os digo que en cuanto lo hicisteis a uno de estos hermanos míos más pequeños, a mí lo hicisteis.'

⁴¹ "Entonces dirá también a los de su izquierda: 'Apartaos de mí, malditos, al fuego eterno preparado para el diablo y sus ángeles. **⁴²** Porque tuve hambre, y no me disteis de comer; tuve sed, y no me disteis de beber; **⁴³** fui extranjero, y no me recogisteis; estuve desnudo, y no me cubristeis; enfermo y en la cárcel, y no me visitasteis.'

⁴⁴ "Entonces también ellos responderán, diciendo: 'Señor, ¿cuándo te vimos hambriento o sediento o extranjero o desnudo o enfermo o en la cárcel, y no te servimos?'

⁴⁵ "Entonces les responderá, diciendo: 'En verdad os digo que en cuanto no lo hicisteis a uno de estos más pequeños, tampoco a mí lo hicisteis.' ⁴⁶ "E irán éstos al castigo eterno, y los justos a la vida eterna."

Preparación para la Enseñanza

Llegamos ahora al quinto y último bloque de enseñanzas en el evangelio de Mateo, donde Jesús se centró en enseñar a sus discípulos cómo seguirle. ¿Qué encontraremos? Debemos esperar encontrar enseñanzas más difíciles, ya que ninguna ha sido fácil hasta ahora. Debemos esperar escuchar a Jesús enseñar lecciones que necesitamos oír. Quizás serán lecciones que no nos han sido dichas antes, lo cual puede haber sido el caso para ti en algunos de los otros bloques de enseñanza. Vamos directamente a la fuente autoritaria para aprender a caminar por este camino y mirar directamente a Jesús mientras leemos sus propias palabras. No dejemos que las enseñanzas difíciles nos desanimen.

Enfoquémonos en este último bloque de enseñanza de Jesús como lo hicimos con los anteriores. Tómate el tiempo que necesites para leerlas y léelas tantas veces como necesites. Nuevamente, no tenemos prisa. Familiarízate con lo que Jesús dijo. Anota algunas notas sobre lo que te impresionó de sus enseñanzas. Incluso podrías escribir cualquier pregunta que te surja mientras lees. Esas preguntas pueden ser guías útiles para ti. Cuando estés listo, puedes retomar aquí y avanzaremos.

El Hilo Conductor

Miremos qué sucedió para dar lugar a este bloque de enseñanza. Según lo que leemos, vemos que los doce están con Jesús en el templo de Jerusalén. Como cada judío de esa época, el templo era una gran fuente de orgullo nacional, y muchos lo consideraban una de las maravillas del mundo. Si un judío iba a Jerusalén, el templo era un sitio que debía visitar. Allí vivía el Señor Dios.

Sin embargo, el atractivo del templo iba más allá de la presencia de Dios. Herodes el Grande había hecho una gran renovación del monte del templo. Todo era una grandiosa estructura que asombraba a la gente. Muchas de las piedras eran masivas en tamaño y peso, haciendo que las personas que estaban a su lado parecieran diminutas. Las piedras más pequeñas pesaban entre dos y cinco toneladas; las más grandes probablemente pesaban más de quinientas toneladas. Herodes el Grande se aseguró de que el templo fuera un espectáculo impresionante para todos los que lo viesen. La mayoría de los judíos se habrían alegrado cuando murió Herodes porque no les caía bien. Sin embargo, cada uno de ellos habría considerado el trabajo de Herodes en el monte del templo como una de las pocas cosas que hizo bien.

No debemos sorprendernos, entonces, cuando los doce seguidores de Jesús se acercaron a él para entablar una conversación sobre lo glorioso del templo. Seguramente este habría sido el momento para tener una conversación agradable con Jesús. Después de todo, para ese entonces creían que él era el Hijo de Dios. Si Dios vivía en el templo, entonces Jesús seguramente amaría la estructura tanto como ellos.

Seguramente él también estaría impresionado por lo que veía. Sin embargo, Jesús no mostró asombro ni admiración por lo que vio; en lugar de eso, habló de que todo sería derribado.

La respuesta perturbadora de Jesús llevó a los discípulos a buscarlo más tarde, en privado. Pedían más perspectiva y comprensión. Querían saber qué había detrás de la falta de interés de Jesús por el templo, tanto como ellos, y eso llevó a lo que escucharon a continuación. No entraremos en eso aún porque nos estamos centrando ahora en encontrar un hilo conductor en la enseñanza.

Hagamos un rápido salto a la última parte de la enseñanza de Jesús en este bloque. En Mateo 25:31-46 leemos otra parábola de Jesús. De hecho, es la última de una serie de tres que están conectadas. Examinaremos esa conexión a su debido tiempo, pero por ahora, notemos el enfoque de la última parábola. La parábola enseñó lo que finalmente impresionará a Jesús: cómo sus discípulos tratan a los menos afortunados.

Ese es nuestro hilo conductor: preocúpate por las personas, no por los edificios. Lo que impresionó a Jesús no fueron los edificios, ni siquiera el templo. De hecho, antes de su enseñanza, había anunciado a las multitudes y a sus discípulos que el templo sería desolado (Mateo 23:38), un evento que recuerda lo que ocurrió en los días del profeta Ezequiel. En cambio, Jesús dirigió la atención de sus seguidores hacia las personas que muchos desestimarían u oprimirían. Jesús quería que sus discípulos se enfocaran en las personas, no en los edificios.

A medida que avanzamos en este último bloque de enseñanzas de Jesús, veremos cómo Jesús pasa de hablar sobre edificios a enfocar la atención de sus seguidores en los menos afortunados. Seguir el hilo conductor nos ayudará a entender las enseñanzas. Así que prepárate para lo que probablemente será un viaje accidentado. No quiero perderte ahora después de haber llegado tan lejos juntos.

La Apelación (24:3)

Los comentarios inesperados y ominosos de Jesús sobre el templo sacudieron a los doce. Conocían su historia, el tiempo cuando el templo fue destruido en los días de Ezequiel y Jeremías. Muchos de su gente habían muerto entonces. ¿Eran esos días oscuros lo que les esperaba de nuevo? Si estaban siguiendo al prometido, el Mesías, ¿cómo podía ser esto? Habían oído a Jesús hablar a menudo sobre los tiempos finales y el juicio. ¿Estaba todo esto relacionado? Necesitaban hablar más con Jesús sobre esto.

Los discípulos esperaron hasta que su grupo había salido de la ciudad y se había dirigido al Monte de los Olivos. Allí buscaron a Jesús. Querían una audiencia privada con él cuando buscaban sus respuestas. En ese entorno privado, le pidieron a Jesús que les explicara lo que se avecinaba y cuándo ocurriría.

Quizás entiendas por qué esos seguidores eligieron tener este encuentro en privado. Has tenido tus propios momentos en los que te preocupabas por los eventos futuros. Tenías la sensación de que venían cosas terribles, y buscaste a alguien que pudiera darte comprensión o algún tipo de ayuda. No querías una multitud a tu alrededor para esa conversación; querías encontrarte solo con esa persona. Si has tenido tales conversaciones, entonces puedes sentir la pesadez del aire esa noche y la tensión en los corazones de esos doce hombres. Sabes esa sensación de temer lo desconocido.

Tiempos Difíciles para Israel (24:4-35)

Una de las primeras enseñanzas angustiantes que esos doce hombres escucharon fue que habría otros que afirmarían ser el Mesías. Ellos creían que Jesús era el Mesías, y para que estos eventos ocurrieran, Jesús tendría que irse. Eso significaría que los seguidores pasarían por tiempos oscuros sin que Jesús estuviera físicamente presente. ¿Cómo podrían atravesar los tiempos oscuros de los que hablaba Jesús sin Jesús a su lado? Eso haría que esos tiempos terribles fueran aún peores.

Los doce escucharon que estos falsos profetas tendrían alguna forma de poder para persuadir a las personas. Quizás serían muy dinámicos y persuasivos con sus palabras y discursos. Quizás serían capaces de realizar actos milagrosos. Había muchos que serían engañados y los seguirían. Jesús advirtió que incluso sus seguidores podrían ser atraídos por ellos.

¿Qué ocurriría en esos tiempos oscuros? Habría guerras sobre guerras y desastres naturales que enfrentarían. Enfrentarían persecución y muerte por causa de Jesús. Jesús también habló de una profecía de Daniel que hacía referencia a un evento histórico cuando los incrédulos profanaron el templo. Esto había ocurrido en los días de Daniel cuando el ejército babilónico de Nabucodonosor destruyó el templo construido por Salomón. Ocurriría de nuevo en el año 70 d.C. cuando el ejército romano haría lo mismo. Cuando llegara ese día de profanación del templo, Jesús advirtió a todos sus seguidores que salieran de Jerusalén. El terror de esos días sería peor de lo que cualquiera podría imaginar.

Los seguidores de Jesús se verían envueltos en los eventos, por lo que él les advirtió con antelación. Sería importante para ellos no poner sus esperanzas en la persona equivocada en ese momento, alguien que afirmara ser Jesús regresado. Oirían esas mentiras y se preguntaría si podrían ser ciertas, pero Jesús dijo que su regreso sería lo suficientemente público como para que todos lo oyeran y lo viesen.

Jesús aseguró a esos doce que él regresaría. En 24:26-31, Jesús concluyó la primera mitad de su enseñanza con una promesa de su regreso, un momento en el que reuniría a sus seguidores y los llevaría con él. Así que Jesús puso una luz al final de ese oscuro túnel para alentar y fortalecer a sus seguidores. Esta luz ayudaría a protegerlos y evitar ser atrapados por falsos mesías.

En esta primera parte de las enseñanzas de Jesús, se centró en los eventos que rodearían la destrucción del templo, el evento del que habló mientras estaba en el templo con sus seguidores. Hacia el final, mezcló algunas enseñanzas sobre su regreso para que hubiera algo de esperanza para que esos discípulos se aferraran. Al final de esta parte de sus enseñanzas (24:32-35), respondió a la solicitud de sus seguidores y les dijo cuándo ocurriría esto: durante la vida de su generación. Históricamente, sabemos que eso fue cuarenta años a partir de esa noche de enseñanzas de Jesús. Jesús habló la verdad, tal como dijo. Sus palabras podían ser contadas como que se cumplirían; no pasarían y serían olvidadas.

La primera mitad de la enseñanza de Jesús fue mucho más de lo que sus seguidores habían esperado. Cuando aceptaron seguir a Jesús, no vieron esta parte del camino en su futuro. Perderían un ancla clave de sus vidas, el templo; sentirían que habían perdido un segundo ancla clave, a Jesús. Además, escucharon que sufrirían y morirían por seguir a Jesús. Incluso pueden haber tenido la previsión de considerar que cualquier esposa, hijos, familia y amigos que tuvieran que fueran seguidores sufrirían el mismo destino. ¿Cómo se suponía que debían digerir todo eso? ¿Cómo pueden dar el siguiente paso en seguir a Jesús?

A lo largo de esta parte de la enseñanza, hay una pregunta sobre quién tenía el poder. El imperio romano creía que eran el poder supremo porque tenían los ejércitos para imponer su voluntad. Los falsos profetas y mesías pensaban que tenían el poder. Quizás incluso habían encontrado algún poder que les permitía hacer maravillas y milagros. Creían que tendrían el poder para liderar exitosamente una revuelta contra Roma y derrotar a sus ejércitos.

Los seguidores de Jesús se encontrarían sufriendo y muriendo mientras estos poderes luchaban entre sí. Podrían sentirse tentados a preguntarse si habían confiado en el poder correcto al seguir a Jesús. A medida que Jesús hablaba de su regreso en estas enseñanzas, habló de su regreso con poder y gloria (24:30). En ese momento, sacudirá los poderes celestiales (cuerpos, 24:29). Jesús quería que sus seguidores supieran que incluso en medio de las cosas terribles que les sucedían a sus seguidores, él no había perdido poder. Roma destruiría el templo y perseguiría y mataría a muchos seguidores de Jesús. Los impostores parecerían tener algún tipo de poder y alejarían a muchos de Jesús. Sin embargo, ninguno de estos era el verdadero poder, pues el suyo terminaría. El único poder que permanecería al final sería el de Jesús, y él llevaría a todos sus seguidores a casa. Esta es la luz que Jesús ofreció a sus seguidores, una luz que podría ayudarlos a seguirlo, sin importar lo que les sucediera.

¿Tienen estas enseñanzas, que hacen referencia a eventos que ocurrieron hace casi dos mil años, algún significado y relevancia para los seguidores de Jesús hoy en día? Creo que sí. De hecho, hay varias lecciones que podemos tomar en serio.

Primero, Jesús fue preguntado por sus seguidores sobre cuándo sucederían dos cosas: la destrucción del templo y el fin de los tiempos. Lo que Jesús dijo que ocurriría con respecto al templo realmente se cumplió. Si él fue correcto en esas enseñanzas, entonces necesitamos confiar en que sus enseñanzas sobre el fin de los tiempos también son verdaderas. Esas palabras se cumplirán tan seguramente como se cumplieron sus enseñanzas sobre la destrucción del templo.

En segundo lugar, si los seguidores de Jesús tuvieron que pasar por tiempos terribles y horribles en aquel entonces, no debemos asumir que estamos inmunes a esos tipos de pruebas y sufrimientos ahora. Verdaderamente, la historia ha demostrado que los seguidores de Jesús han enfrentado persecución y muerte a gran escala en varios momentos de la historia, en todo el mundo. Cuando lleguen nuestros tiempos terribles, Jesús nos llama a mantenernos firmes hasta el final, tal como llamó a sus primeros discípulos a hacerlo. Si esos seguidores se mantuvieron firmes, nosotros también podemos. También necesitamos tomar nota y aprender de aquellos que no se mantuvieron firmes para que no abandonemos a Jesús. Queremos aprovechar lo mejor de nuestro legado y caminar fielmente en este camino de discipulado cuando se ponga difícil para nosotros.

En tercer lugar, podemos descansar nuestra esperanza en lo que Jesús ofreció a esos primeros seguidores. La esperanza no estaba en evitar tiempos terribles, sino en atravesar y más allá de esos tiempos terribles. ¿Cómo lo hicieron? Más bien, ¿cómo lo harán todos los seguidores? Cuando Jesús regrese, reunirá a todos sus elegidos, sus seguidores, y los llevará a casa con él. Sus ángeles reunirán a sus discípulos de todo el mundo, y ninguno quedará atrás. Aquí es donde se desatará el poder de Jesús. Puede que queramos que su poder nos mantenga sin dolor y sin morir, y sabemos de seguidores que han sido librados de tales cosas. Sin embargo, Jesús no ha utilizado su poder en la historia para siempre librar a sus seguidores de los tiempos terribles. Esto no fue porque hubiera perdido su poder. Él sigue siendo el poder dominante y siempre lo será. Su regreso es cuando ese poder será completamente revelado. Aquí es donde debemos poner nuestra esperanza.

Conozco a un hombre que se convirtió en seguidor de Jesús en un lugar donde los seguidores de Jesús son asesinados. El padre de este hombre era el jefe de los brujos de la religión local. Cuando se enteró de que su hijo se había convertido en seguidor de Jesús, tramó hacer que lo mataran, incluso utilizando a una de sus hijas, la propia hermana del seguidor, para ayudar a llevar a cabo el asesinato. Un camión debía atropellar al seguidor y matarlo. En cambio, el conductor perdió de vista al seguidor y mató a su hermana. Se han hecho muchos otros intentos contra la vida de este seguidor, incluso por parte de algunos musulmanes cada vez más militantes que están decididos a matar a todos los seguidores de Jesús en su país. Lo último que supe es que este seguidor está vivo y permanece en esa área proclamando a Jesús para que otros puedan convertirse en creyentes. ¿Qué inspira a un seguidor a soportar tanto? Jesús y su regreso final en poder y gloria. Él conoce su futuro y en quién está su esperanza. ¿Está todavía vivo, o han tenido éxito sus enemigos en matarlo? No lo sé, pero desde su primer día como seguidor de Jesús, ha estado bien con cualquiera de los resultados porque sabe cuál es su desenlace final.

Los Tiempos Finales (24:36-51)

Si el templo no iba a estar mucho tiempo más, entonces no era un edificio ni ninguna estructura de la que Jesús estaba preocupado. Si Jesús no estaba preocupado por edificios, entonces ese no debería ser el asunto de sus seguidores tampoco. Si no es el templo o un edificio de la iglesia, ¿a dónde conduce este camino de seguir a Jesús?

Jesús dirigió los pensamientos de sus seguidores hacia los tiempos finales y lo que ocurrirá entonces. A medida que leas la última parte del capítulo 24 y el capítulo 25, hay varios pensamientos que Jesús mencionó múltiples veces. Si se repitió, entonces debería ser algo a lo que sus seguidores deben aferrarse con firmeza.

Uno de los pensamientos repetidos de Jesús fue que el tiempo final sería el tiempo de su regreso (24:39, 42, 44, 50). Esto también fue algo que Jesús enseñó en sus palabras anteriores (24:27, 30-31). Los dejaría, pero regresaría. La impresión dejada a través de las enseñanzas fue que el regreso de Jesús no sería inminente, pero sus seguidores podían contar con ello.

Jesús también repitió que nadie sabe cuándo regresará, excepto el Padre en el cielo (24:36, 42, 44, 50; 25:13). La historia de Noé se utilizó para ilustrar ese hecho. Los ejemplos de un hombre siendo tomado y otro dejado, una mujer siendo tomada y otra dejada, también subrayaron esta enseñanza. Las parábolas del dueño de la casa y el sirviente dejado a cargo enfatizaron este punto.

Un tercer mensaje que recorrió esta parte de las enseñanzas de Jesús se centró en sus seguidores—¿estarían preparados cuando él regresara? Los discípulos de Jesús necesitaban hacer algo o vivir de cierta manera para estar preparados. La mayoría de las personas en los días de Noé estaban desprevenidas. El dueño de la casa era un ejemplo de estar preparado, un ejemplo que Jesús quería que sus seguidores aprendieran. La parábola del sirviente dejado a cargo mostró dos posibles resultados para ese sirviente: uno bueno si estaba preparado, uno terrible si no lo estaba. Esta última parábola insinuó las parábolas que pronto seguirían, las cuales darían direcciones sobre cómo estar preparados.

Debemos considerar un componente más de las enseñanzas de Jesús. Habló sobre el juicio. Habrá algunos salvos y algunos juzgados cuando Jesús regrese. La ilustración del diluvio tenía ese componente de juicio.

Las ilustraciones del hombre y la mujer tomadas, y el hombre y la mujer dejados atrás, también tenían un componente de juicio. Podemos ver el juicio involucrado con el sirviente dejado a cargo; sería recompensado o castigado dependiendo de cómo llevara a cabo sus deberes. Este componente de juicio dejó claro a esos doce hombres que la forma en que siguieron a Jesús tenía alguna influencia en cómo percibirían su regreso, ya sea con alegría y anticipación o con miedo y terror.

Podemos encontrar mucho en qué pensar en esta sección de la enseñanza. Al igual que los bloques anteriores, hay mucho que nos desafiará. Quizás sea bueno recordar en este punto quién es el poder. Es Jesús, porque ese es el rol que el Padre le dio. Eso es un pensamiento reconfortante, en cierto sentido, porque podemos apoyarnos en ello cuando los poderes de nuestra cultura nos oprimen y persiguen. Sabemos que estos poderes no tendrán la última palabra. Si nos mantenemos firmes con Jesús hasta el final, sea cual sea, entonces estaremos bien.

Sin embargo, el pensamiento de que Jesús es el poder también nos desafía. ¿Por qué? Porque somos propensos a querer ser el poder nosotros mismos. Queremos establecer los términos para cómo termina todo para nosotros. Ya sea que seamos predicadores, miembros de una iglesia o simplemente llevemos el nombre de cristianos, tendemos a querer que nuestras preparaciones para el regreso de Jesús sean lo suficientemente buenas. Si miramos alrededor, podemos ver mucha preparación que claramente es diferente, y todos piensan que Jesús estará bien con eso porque seguramente aceptará lo que hayamos hecho. Algunos creen que ser miembro de una iglesia, tener su nombre en el registro, es una preparación suficiente. Algunos creen que simplemente ser un asistente regular a los servicios de adoración en una iglesia es suficiente. Luego están aquellos que piensan que una aparición ocasional en un servicio de adoración es una preparación suficiente. Hay quienes eliminan cualquier conexión con una iglesia de la preparación por completo. Creen que solo ser una buena persona que hace más bien que mal es suficiente. Incluso puedes encontrarte con personas que piensan que todo se reduce a si se consideran o no creyentes en Jesús—cómo viven no importa en absoluto. La gente está por todos lados cuando se trata de prepararse para llegar al cielo.

Si estás pensando en alguna de estas líneas, serás desafiado por Jesús siendo el poder. Te resultará difícil escucharlo y seguirlo cuando te llame a hacer algo que no quieres hacer o a ser alguien que no quieres ser. ¿Estás dispuesto a reconocer que alguien está por encima de ti y seguir sus caminos en lugar de tus propios caminos?

Permíteme compartir otra experiencia preocupante. He sido testigo de muchos cristianos que salen de sesiones de estudio bíblico, habiendo aprendido algo nuevo con lo que no se sienten cómodos. ¿Siguieron a Jesús en esas enseñanzas? Demasiado a menudo, escuché a discípulos decir que no estaban listos para seguir esa enseñanza, así que comprometieron y encontraron un lugar donde pudieran estar en paz y cómodos. Al mirar estos cinco bloques de enseñanzas de Jesús, no encuentro ningún lugar donde él haya comprometido y permitido que sus seguidores se detuvieran en algún punto antes de lo que él les había llamado a hacer. ¿Qué revelan nuestras acciones sobre a quién realmente reconocemos como el poder en el reino? ¿Seguimos el ejemplo de Jesús, o esperamos que él siga nuestro ejemplo?

Dado que ya estamos dentro, hasta el cuello, se necesita considerar otro pensamiento respecto a estas enseñanzas. Hay muchas personas que parecen tener una idea bastante buena de cuándo va a regresar Jesús. Algunos incluso han tenido la audacia de proclamar una fecha específica. Parecemos estar demasiado ocupados con saber el cuándo de su regreso. Estaríamos mejor si simplemente aceptamos lo que Jesús dijo: nadie sabe ni el día ni la hora. Si podemos aceptar eso, entonces tal vez nos enfocaremos más en lo que Jesús quiere que nos enfoquemos: estar preparados para su venida en cualquier momento. Si estamos preparados, cuándo venga no importa realmente porque lo esperaremos con ansias y lo aguardaremos con firmeza.

A medida que llevamos estas enseñanzas a nosotros mismos, no queremos olvidar las enseñanzas sobre el juicio. Las palabras de Jesús no pasarán, pues se probarán verdaderas cuando él regrese. Habrá personas que estarán contentas cuando él regrese, y habrá personas que llorarán. Entonces se darán cuenta, demasiado tarde, de que creían en el poder equivocado. Se darán cuenta de que no están preparadas, y enfrentarán un juicio que Jesús describió como un lugar donde habrá llanto y crujir de dientes. Esa no es una imagen agradable en la mente de nadie. En lugar de pasar por alto o ignorar las enseñanzas de Jesús sobre el juicio, necesitamos escucharlo. Esto puede ser una motivación para nosotros para prepararnos de manera que su juicio no venga sobre nosotros.

Vivo en una cultura donde los sermones se centran mucho en el amor, hacer buenas obras, aliento, alegría, celebración, etc. Todos esos son aspectos maravillosos del reino y del mensaje del reino. Sin embargo, las enseñanzas más duras parecen ser ignoradas en gran medida. Tal vez se mencionan brevemente a veces, tal vez se mencionan escasamente o ni siquiera se mencionan. Estas son las enseñanzas sobre el pecado (sí, todavía existe algo llamado pecado), el juicio (sí, todavía hay un día de juicio que se avecina) y sobre el infierno (y sí, hay un fuego abrasador del infierno en el futuro de todos los que no siguen a Jesús). Es como si creyéramos que estas cosas desaparecerán si no hablamos de ellas o ya no creemos en ellas. Quizás ese sería el caso si las personas fueran el poder supremo. Sin embargo, Jesús dejó claro en este bloque de enseñanzas que él es ese poder, y sus palabras no pasarán. Se probarán verdaderas. No nos hacemos ningún favor, ni a nosotros mismos ni a nadie más, cuando guardamos silencio sobre las enseñanzas de Jesús sobre el juicio.

Como dije, nos hemos adentrado bastante en las enseñanzas de Jesús, hasta el cuello. Quizás sientas que te vas a ahogar con ellas. No me sorprendería si ese fuera el caso para los doce hombres que escucharon por primera vez estas enseñanzas. No tuvieron mucho tiempo para reflexionar sobre las enseñanzas de Jesús porque los días oscuros se acercaban rápidamente. Quizás necesites algo de tiempo para asimilar todo esto, y tal vez ese tiempo se te está ofreciendo. Si es así, haz algo de oración y reflexión. Pide al Señor comprensión y coraje para aceptar cualquier enseñanza o visión que cargue el peso de la verdad. Recuerda, Jesús quiere que camines con éxito por este camino. Él te ayudará.

Las Tres Parábolas (25:1-46) A medida que hemos leído el quinto bloque de enseñanzas de Jesús a sus seguidores, hemos visto una progresión clara en sus enseñanzas. Por ejemplo, uno de los anclajes para sus seguidores era el monte del templo. Cuando Jesús predijo su destrucción, eliminó ese ancla. ¿En qué pondrían entonces sus seguidores su esperanza? ¿O en quién? Jesús les enseñó a poner su esperanza en él; él era ahora su ancla. Él era el único poder que permanecería al final del tiempo, por lo que solo él podría cumplir su esperanza y ser su ancla. Sin embargo, tendrían que aprender a seguirlo y confiar en él cuando no estuviera físicamente presente.

Otro ejemplo de esta progresión en las enseñanzas de Jesús fue su cambio de enfoque, desde la existencia del templo hasta la fidelidad de sus seguidores. ¿Cómo atravesarían todas las cosas difíciles que vendrían, y cómo se prepararían para el regreso de Jesús? Este cambio era crucial para ellos. Esto nos lleva al enfoque en la preparación de los seguidores de Jesús. Jesús cubrió eso a través de la narración de tres parábolas. Estas parábolas están interconectadas, y cada una se basa en la anterior. Nuestra tarea ahora es entender cada parábola y ver la conexión a medida que una lleva a la siguiente.

Las Diez Vírgenes (25:1-13) Jesús comenzó su primera parábola con una variación de una frase que había usado muchas veces en sus enseñanzas a sus seguidores: "El reino de los cielos será como..." Utilizó una vista familiar para sus seguidores para pintar su imagen de su reino—una procesión de bodas. Encontré dos fuentes que me ayudaron a entender mejor esta procesión; puedes encontrar otras también. Las dos que me ayudaron son: La vida y tiempos de Jesús el Mesías de Alfred Edersheim, MacDonald Publishing Company, Libro V, Capítulo 7, pp. 453-459; y Mateo de Matthew Chouinard, College Press NIV

Commentary, 1997, pp. 437-439. Puedes leer estos recursos y otros si lo deseas.

Culturalmente, había ciertos componentes de una boda judía en los que Jesús se basó con su parábola. Antes de la ceremonia de bodas, el novio habría estado con el padre de la novia para establecer los términos del dote. Tras el acuerdo, el futuro esposo iría a construir una casa para él y su futura esposa. Esto a menudo sería una adición a la casa de su propio padre. La novia entonces esperaría a que su futuro esposo viniera a buscarla, sin saber exactamente cuándo sería ese momento. Ella prepararía sus pertenencias para poder ir con su esposo cuando él llegara.

Cuando el futuro esposo hubiera completado su casa, enviaría un aviso de que venía por su novia. Su familia entonces haría preparativos para recibirlo. La novia haría sus preparativos finales. Nadie sabía la hora exacta de su llegada, pero sería por la noche. Una fiesta de bodas consistiría en asistentes para el novio y la novia. Algunos de esos asistentes serían diez doncellas, o vírgenes, que liderarían una procesión desde la casa de la novia hasta su nuevo hogar donde se llevaría a cabo el banquete de bodas. Dado que era de noche, necesitarían lámparas para iluminar el camino, y aceite para sus lámparas. Esta es la parte de la noche de bodas que Jesús usó para su parábola.

En la parábola, Jesús es el novio, y sus seguidores son las diez vírgenes. Podrían ser las sabias o las necias, dependiendo de sus preparativos. Dado que nadie sabía cuándo llegaría el novio, era sabio que esas doncellas asistentes tuvieran aceite extra con ellas. En la parábola, cinco fueron lo suficientemente sabias para hacer eso, pero cinco fueron necias y no tuvieron aceite extra con ellas. Todas se durmieron mientras esperaban la llegada del novio. Cuando finalmente llegó, solo entonces las vírgenes necias se dieron cuenta de que no tenían suficiente aceite para liderar la procesión de bodas. No estaban adecuadamente preparadas. Como resultado, tuvieron que apresurarse a comprar más aceite y no estaban presentes cuando llegó el novio. Las otras cinco vírgenes estaban preparadas y cumplieron su papel al liderar la procesión hacia el nuevo hogar y el banquete de bodas. Debido a que se habían preparado adecuadamente, pudieron entrar al banquete. Las cinco vírgenes necias llegaron más tarde y fueron rechazadas. Incluso cuando suplicaron por la entrada, el novio las negó. Se perdieron el banquete porque no estaban adecuadamente preparadas.

¿Qué impresión tuvo esta parábola en estos doce hombres? Las enseñanzas anteriores de Jesús sobre Noé, las personas tomadas y dejadas, el dueño de la casa y el siervo dejado a cargo subrayaron que los seguidores de Jesús necesitaban estar alerta y listos para el regreso de Jesús porque nadie sabía cuándo sería. Esta parábola introdujo un nuevo pensamiento para los doce sobre cómo estar alerta y listos: hacer preparativos adecuados. Si tales preparativos no se hicieran, se perderían el banquete, la imagen de la parábola para el reino.

La parábola termina con una frase que Jesús había pronunciado varias veces desde que comenzó esta última mitad de sus enseñanzas: "Por tanto, velad, porque no sabéis el día ni la hora." Esto une la enseñanza de Jesús sobre la preparación personal con cómo uno está listo para su regreso. Sus seguidores no debían estar alertas simplemente sentados esperando que Jesús apareciera algún día. En su lugar, debían estar alertas usando cada día para preparativos, participando en lo que él les había dado para hacer.

Así, esta parábola sienta las bases para la próxima parábola al enfocar a los seguidores en su necesidad de hacer preparativos personales para el regreso de Jesús al final del tiempo. Si iban a atravesar la pérdida del templo, la persecución personal y la muerte, solo el regreso de Jesús les ofrecía la esperanza que hacía que tales sacrificios valieran la pena. Sin embargo, cada seguidor escuchó que su esperanza sería inútil si no estaban preparados. Sin duda, esos seguidores estaban escuchando atentamente mientras Jesús les daba más información sobre esos preparativos.

Cuando te tomes el tiempo para reflexionar sobre esta parábola, y por favor hazlo, asegúrate de entender lo que Jesús quiere que sepas sobre cómo necesitas prepararte para su regreso. Esta es una responsabilidad personal. Ningún seguidor de Jesús puede depender de lo que haya hecho otra persona; cada uno de nosotros tiene la responsabilidad de asegurarnos de estar preparados. Podemos animarnos unos a otros, y cada uno necesita ser animado; sin embargo, en algún momento, cada discípulo está llamado a asumir y vivir su llamado y misión.

Puedes tener dificultades con estas parábolas si entiendes que tu salvación depende únicamente de tu fe y la gracia de Dios. Estas parábolas añaden otro elemento necesario: tus preparativos. Tus acciones como seguidor de Jesús impactan lo que te sucederá cuando Jesús regrese. Escucha a Jesús en estas parábolas; él es el poder que estará al final del tiempo, por lo que es a él a quien debes escuchar. Como dijo Jesús antes, que aquellos que tienen oídos escuchen.

Pregúntate: ¿Qué actividad llena mi día, mi vida? ¿Contribuye a mi preparación para el regreso de Jesús? Tal vez no todas las actividades de tu día lo hagan, y tal vez no sea necesario que lo hagan. Pero, ¿alguna de ellas lo hace? Cómo atraviesas tus días y tu vida importa. Esas actividades son las que llenan tus días y tu vida. Importan enormemente para los seguidores de Jesús porque son tus preparativos para su regreso.

Las Bolsas de Oro (25:14-30)

Algunas traducciones antiguas se refieren a esta parábola como la Parábola de los talentos. Eso sería una traducción literal precisa de las palabras originales de Jesús. Sin embargo, muchas culturas ven los talentos como habilidades y no como dinero; este último era el significado de la palabra cuando Jesús habló esta parábola. Por lo tanto, referirse a la parábola como bolsas de oro es fiel al significado intencionado de las palabras de Jesús. Si te preguntabas por qué existe esta diferencia en la redacción, esa es la razón.

Jesús pinta otra imagen en esta parábola que desarrolla la idea y la necesidad de preparación por parte de cada seguidor. En esta parábola, Jesús es representado por el hombre que se va de viaje, el maestro. Sus discípulos están representados por uno de los tres hombres a quienes se les confió el oro de su maestro. Nuevamente, qué hombre es representativo de un seguidor particular depende de lo que cada discípulo haga con el oro que se le dio.

La parábola relata cómo a tres siervos diferentes se les dio diferentes cantidades de oro, cada uno según su capacidad. Lo que estos hombres hicieron con el oro determinó lo que les sucedió a cada uno. Dos hombres pusieron el oro a trabajar y duplicaron lo que se les dio. Fueron bienvenidos y recompensados cuando llegó el día de ajustar cuentas. El tercer hombre fue diferente. Optó por desconfiar del maestro y no hizo nada con lo que se le dio, salvo esconderlo en un agujero. Cuando devolvió esa cantidad, sin haber hecho nada con ella, su maestro no estuvo complacido y lo echó a la oscuridad. Lo que le sucedió fue un recordatorio de lo que ocurrió con el siervo dejado a cargo de otros siervos, quien eligió hacer el mal y finalmente no estaba preparado para el regreso de su maestro. Los siervos en ambas parábolas fueron arrojados a un lugar donde habría llanto y crujir de dientes.

¿Qué oyeron esos doce hombres cuando escucharon esta parábola? Jesús les daría a cada uno algo que él esperaría que usaran para sus propósitos, para lograr una cosecha para él. Tal vez estas bolsas de oro representaban oportunidades y responsabilidades, algún tipo de trabajo que hacer. Tal vez representaban algo más. Lo veremos. Lo importante en este punto es que Jesús no daría el mismo trabajo a cada seguidor, ya que todos eran diferentes. Cada uno tenía diferentes habilidades, fortalezas y debilidades. Él daría a cada seguidor un trabajo que cada uno era capaz de hacer, y podría hacer bien.

También oyeron que sí cumplían con las expectativas de Jesús, resultaría una cosecha y serían recibidos con alegría y recompensados. También oyeron que si alguien decidía no hacer el trabajo que se le daba, no pasaría nada positivo y serían rechazados, juzgados y echados fuera de la presencia de Jesús en su regreso. Serían arrojados a un terrible lugar de juicio. La pregunta obvia para esos doce seguidores giraría en torno a lo que Jesús les daría para hacer.

La pregunta que esos seguidores podrían haber tenido mientras escuchaban a Jesús podría reflejar tu propia pregunta. ¿Alguna vez te has preguntado qué espera Jesús de ti? ¿Alguna vez te has encontrado comparándote con otros seguidores y desalentado porque no tienes las mismas habilidades que ellos, las mismas fortalezas? A medida que tus pensamientos se dirigen a tus preparativos, tal vez te preguntas si escucharás estas palabras de Jesús en ese día: "¡Bien hecho, buen y fiel siervo! Has sido fiel en lo poco. Te pondré a cargo de mucho. ¡Ven y comparte la alegría de tu maestro!" O tal vez temes escuchar estas palabras de él: "Echen a ese siervo inútil afuera, a la oscuridad, donde habrá llanto y crujir de dientes."

Si estás experimentando uno de estos dos sentimientos, estás donde Jesús quiere que estés mientras lo escuchas. Él quiere que te des cuenta de que hay mucho en juego aquí. Tu respuesta a lo que él te da importa enormemente… para ti. La siguiente parábola puede darte paz mientras recibes la pieza final de orientación que necesitas. O elevará tu miedo si encuentras que Jesús te está llamando a algo que te negarás a hacer. Deja que este pensamiento te dé consuelo mientras nos dirigimos a la última parábola: Jesús te da algo que él sabe que puedes hacer; él da a cada uno según su capacidad. Jesús te conoce y cree en lo que puedes hacer.

Las Ovejas y los Cabritos (25:31-46)

¿Cómo llama Jesús a sus seguidores a prepararse para su regreso? ¿Cuáles son las obras que él pondrá delante de ellos? En esta última parábola, Jesús dio algunos ejemplos muy concretos. Lee la parábola de nuevo. ¿Cuáles son tus pensamientos iniciales? ¿Cuáles son tus sentimientos iniciales? ¿Esperabas esta lista de ejemplos?

La parábola comenzó con Jesús viniendo y sentándose en su trono. Esos doce habían escuchado ese tema a lo largo de estas enseñanzas. Habían oído que era necesario que se mantuvieran fieles y perseveraran, poniendo su esperanza en Jesús. Habían oído que necesitaban estar listos y prepararse. En esta parábola, oyeron los detalles específicos que les ayudarían a entender lo que realmente era importante para su líder.

Jesús les dijo que vendría con sus ángeles y se sentaría en su trono, y les habló del juicio que tendría lugar. Todas las personas que habían vivido serían llevadas ante él en la parábola. Él los separaría y determinaría su eternidad. Sus seguidores también estarían en esa gran multitud de humanidad, mezclados entre las personas que no eran seguidores. Luego tendría lugar la separación, como un pastor separando sus ovejas de sus cabritos. Los seguidores de Jesús podrían encontrarse como una de las ovejas, o posiblemente como uno de los cabritos.

En la parábola, ser una oveja era bueno; ser un cabrito era malo. Las ovejas serían bienvenidas a la vida eterna, al reino que el Padre había preparado para ellas. Los cabritos se encontrarían condenados y arrojados a un fuego eterno.

¿Cuál era el factor determinante por el cual las personas serían juzgadas en la parábola? Jesús dijo que sería cómo trataron a los más pequeños entre ellos. Jesús veía a esas personas como sus hermanos y hermanas. ¿Verían aquellos que afirmaban seguirlo a esas personas de la misma manera? Sus vidas como seguidores de él, su misión como seguidores de él, estarían llenas de oportunidades para mostrar cómo consideraban a los más pequeños entre ellos. Cómo sus seguidores los trataran y los encontraran en su dolor sería conocido por Jesús, su Rey.

Jesús dio seis ejemplos de personas que serían vistas como los más pequeños entre ellos: el hambriento, el sediento, el extranjero, el desnudo, el enfermo, el prisionero. No era una lista exhaustiva; había muchos otros a los que Jesús podría haber mencionado, pero las parábolas no estaban destinadas a ser exhaustivas. Sin embargo, estos seis ejemplos serían suficientes para desafiar a esos doce hombres.

Esos doce hombres no eran ricos, al menos ya no. Habían renunciado a todo para seguir a Jesús. Había mujeres que los apoyaban financieramente a ellos y a Jesús, lo cual era un cambio importante para esos hombres. Incluso antes de que Jesús apareciera, habrían conocido el hambre, y lo volverían a conocer. ¿Cómo responderían entonces a otra persona necesitada de comida, si ellos mismos tuvieran hambre? ¿De quién considerarían imperativo satisfacer la necesidad?

Esos doce seguidores habían encontrado muchos extranjeros y encontrarían muchos más. Vivían en una cultura donde la hospitalidad era inherente a su identidad. ¿Ofrecerían hospitalidad a un extraño? ¿Qué pasa con un extraño de otro país que no hablaba su idioma o compartía sus creencias? ¿Cederían una cama en su propia casa para esa persona?

Esos seguidores originales sabían que había personas en prisión. Quizás conocían a personas en prisión. Sin embargo, no era típicamente bueno ser conocido como asociado de alguien en prisión. Eso podría poner a la persona que conocía al prisionero bajo sospecha, observación y tal vez en prisión ella misma. ¿Arriesgarían esos doce su libertad para ir a cuidar a una persona en prisión?

¿Darían ropa a una persona necesitada si la única ropa que tenían era la que llevaban puesta? ¿Irían a un pozo y sacarían agua para darle a una persona sedienta? ¿Arriesgarían su propia salud al cuidar a alguien que estaba enfermo?

En esa cultura, Jesús encontró seis ejemplos para poner a prueba a sus seguidores. ¿Cuidarían a los más pequeños entre ellos—personas que la mayoría ignoraría, evitaría o ni siquiera notaría? Era una cosa proclamarle a Jesús que lo seguirían cuando Jesús estuviera con ellos. Era una cosa hacer lo que Jesús les decía cuando él estaba justo al lado de ellos. ¿Hacerían las mismas cosas cuando él no estuviera mirando sobre sus hombros?

Recientemente habían escuchado las enseñanzas de Jesús sobre honrar a las personas que su cultura consideraba indignas de tal honor. No les llevó mucho tiempo quedar cortos en seguir esas enseñanzas entonces. ¿Qué harían en el futuro? ¿Se levantarían a la ocasión, la oportunidad y la responsabilidad? ¿O quedarían cortos de nuevo? ¿Las enseñanzas de Jesús se arraigarían y se convertirían no en su segunda naturaleza, sino en su primera naturaleza? Debía ser así, porque eso determinaría si serían bienvenidos a la vida eterna. ¿Eran ovejas o cabritos? Todo se reducía a si pondrían en práctica lo que estarían diciendo a otros que hicieran. Él había condenado a los maestros de la ley y a los fariseos por predicar un mensaje pero no practicarlo ellos mismos. Jesús no aceptaría el mismo estándar bajo de sus seguidores.

Estas tres últimas parábolas se construyeron una sobre la otra para enfocar a los doce seguidores originales de Jesús de centrarse en un edificio a enfocarse en algo más. La primera parábola los llamó a prepararse para su regreso. La segunda parábola les instruyó a trabajar con las bolsas de oro que les dio. La tercera parábola reveló que esas bolsas de oro eran los más pequeños entre ellos que encontrarían, y su preparación era cómo tratarían a cada una de esas personas. Ahí es donde Jesús quería que se centraran sus seguidores.

Esos doce hombres habían hecho a Jesús una pregunta que podrían haber considerado simple. Lo que recibieron en este último bloque de enseñanza fue literalmente una charla de "ven a Jesús". El tiempo se estaba acabando para que Jesús caminara físicamente con ellos. Tenían tiempos difíciles y terribles por venir, por lo que Jesús les dio una preparación final. Pronto tendrían que demostrar a través de sus acciones si realmente eran sus seguidores. Cómo tratarían a los más pequeños que encontraran sería algo que Jesús observaría muy de cerca. Quería saber quién realmente lo seguía y quién solo hablaba.

A medida que consideras lo que Jesús enseñó en esta última parábola respecto a la preparación que él estaba buscando, podrías pensar que Jesús había hecho un cambio de énfasis de predicar a hacer buenas obras. Así que podrías pensar que Jesús te está eximiendo de proclamar su mensaje sobre el reino. Si ese es el rumbo que toman tus pensamientos, déjame ayudarte a volver a la línea con Jesús.

Jesús nunca minimizó la necesidad de que sus seguidores se preocuparan por los demás y los ayudaran en sus momentos de necesidad. Vuelve a mirar sus enseñanzas. El cumplimiento de la ley era hacer a los demás lo que sus seguidores querrían que los demás hicieran por ellos. Dar financieramente a los pobres era importante. No juzgar a los demás, honrar a aquellos que otros pasaban por alto y usar el poder que Jesús les había dado para ayudar a los que otros evitaban eran parte integral de las enseñanzas de Jesús. Cuando se le preguntó cuál era el mandamiento más grande, Jesús respondió y también añadió un segundo mandamiento sobre amar a los demás. Jesús nunca disminuyó el amar a los más pequeños. Ni su enfoque en ellos en esta última enseñanza disminuye su llamado a sus seguidores a proclamar sus enseñanzas a otros. El mensaje fue clave para la misión de Jesús desde el principio, y así debe ser para todos los que lo siguen. Necesitamos escuchar a Jesús llamándonos a ambos; ese es nuestro camino.

Volvamos a los más pequeños entre nosotros. ¿Quiénes son ellos? Podemos ser tan selectivos como esos doce hombres si no estamos escuchando a Jesús. Tal vez en mi cultura, el seguidor blanco de Jesús no ve al seguidor negro de Jesús como importante y, por lo tanto, no lo ayuda en su momento de necesidad. Tal vez el seguidor negro de Jesús no ve al seguidor hispano y no lo ayuda en su momento de necesidad. Tal vez el seguidor hispano está enfocado únicamente en su propia gente y no ve al seguidor asiático... Tal vez el seguidor que es ciudadano de un país no siente ninguna obligación de ayudar al seguidor de otro país. Tal vez el más pequeño entre nosotros es un niño, un inmigrante indocumentado o un grupo de extraños en una instalación de demencia al otro lado de la ciudad. Estamos rodeados por los más pequeños entre nosotros, pero pueden ser invisibles para nosotros si no los vemos como los ve Jesús.

Recientemente en mi vida, conocí a una directora de actividades para una residencia de asistencia para adultos. Los residentes en su centro tenían Alzheimer. Las personas estaban agrupadas en tres niveles diferentes de atención, niveles que se determinaban por el avance de la enfermedad. La directora me contó una historia desgarradora. Muchos de estos residentes habían vivido sus vidas conectados a alguna iglesia. Les encantaba adorar a Dios, pero ahora no podían ir a esas iglesias y adorar con otros creyentes. Luego me contó cómo había intentado durante más de un año que personas de las iglesias vinieran a esa residencia y dirigieran los servicios de adoración para los residentes. ¿Qué tenía para mostrar por todo su esfuerzo? Nada. Nadie aceptó la invitación. Ningún cristiano había venido. Luego la directora dijo algo que quedó grabado en mi corazón: "El Alzheimer no debería tener el poder de robarle a la gente la oportunidad de adorar a Dios". Me quedó claro que estaba siendo presentada a algunos de los más pequeños de estos hermanos y hermanas de Jesús. Tenía una decisión que tomar. Si hubieras estado en mi lugar, ¿cuál habría sido tu decisión? Yo tomé la mía. ¿Te llevará tu decisión a buscar a algunos de esos más pequeños?

Nos reunimos en edificios de iglesias los domingos, en edificios elegantes y hermosos, vistiendo ropa bonita, predicando y escuchando mensajes que suenan mucho a lo que enseñó Jesús. Sin embargo, ¿qué hacemos con las bolsas de oro que él nos confía continuamente? Esas bolsas de oro en la segunda parábola resultaron ser más que solo oportunidades y responsabilidades. Resultaron ser personas, los menos entre nosotros. ¿Tenemos oídos para escuchar a Jesús hablándonos? Espero que sí. Necesitamos escucharlo. Hay personas ahora, a nuestro alrededor, que necesitan que estemos escuchando a Jesús. También tenemos una eternidad que se verá impactada por si lo escuchamos lo suficientemente claro como para seguirlo en lo que respecta a las bolsas de oro dadas a cada uno de nosotros.

Me tomo un momento para reflexionar contigo sobre un pensamiento relevante que es necesario ahora. A medida que abrimos nuestros ojos, oídos y corazones a los menos entre nosotros, necesitamos asegurarnos de no escuchar a Jesús decir algo que él no está diciendo. Hay culturas que nos harían abrazar a algunas personas como los menos entre nosotros. Afirmarán que estas personas son odiadas y tratadas como menos que otras. A simple vista, parecerá así. Sin embargo, una mirada más cercana revelará que la cultura está presionando a los seguidores de Jesús para aceptar y abrazar a personas que han rechazado la justicia de Dios. Jesús amó a todas las personas y murió por todas las personas, pero nunca aceptó el rechazo del llamado a la justicia. Rechazar la justicia de Dios no convierte a una persona en uno de los menos; lo convierte en una persona que está en peligro de recibir el juicio de Jesús. Los seguidores de Jesús deben discernir cómo responder con amor, no con odio, pero aún así llamar a estas personas preciosas a la justicia de Dios. Los seguidores de Jesús no pueden abandonar ninguna de las enseñanzas de Jesús para acomodar a personas que eligen el pecado sobre la justicia. Los discípulos de Jesús necesitan escuchar todas sus enseñanzas y dejar que él, no la cultura, los guíe sobre cómo amar a aquellos que siguen un camino diferente al de Jesús.

Mientras reflexionas sobre lo que has leído en este bloque final de enseñanza, te ofrezco algunas preguntas que pueden guiar tus reflexiones. ¿En quién o en qué es el poder en el que pones tu esperanza? ¿Hay anclas en tu vida que interfieren con que Jesús sea tu ancla? Si las hay, ¿necesitan ser removidas? ¿Te mantienes firme con Jesús cuando tu vida se pone difícil? ¿Permanecerás en el camino de seguir a Jesús, sin importar cuán difícil se ponga? ¿Hay personas que son las más necesitadas y has dejado de ver? Si es así, ¿qué necesitas hacer para poder verlas y responderles? ¿Estás haciendo las preparaciones adecuadas para cuando Jesús regrese?

Chequeo del Cinturón de Seguridad

¿Por qué las vidas heroicas nos inspiran, motivándonos a ser mejores personas de lo que somos? ¿Alguna vez te has preguntado? Conocemos a muchas personas que viven vidas cómodas que no requieren grandes sacrificios de su parte. Podemos sentirnos atraídos por eso, pero esas historias no nos inspiran. Conocemos a personas que viven lujosamente y tienen tantas cosas maravillosas que fácilmente podemos sentir envidia. Sin embargo, esas vidas tampoco nos inspiran. Sin embargo, cuando escuchamos sobre o vemos a alguien atravesar tiempos terribles, perseverando y superando todas las adversidades, nos sentimos inspirados. Anhelamos ser como ellos. ¿Por qué es así? Notamos a alguien viviendo de manera heroica y nos inspiran los héroes. Cuando considero estas cosas, entiendo el poder del ejemplo que tienen las vidas heroicas. Así que te ofrezco esto como tu revisión del cinturón de seguridad, por si estás pensando en abandonar a Jesús después de este último bloque de enseñanzas.

Primero, si estás a punto de abandonar, decide por el momento que te mantendrás firme. Luego, observa a tu alrededor y encuentra a un seguidor de Jesús que esté firme. Ese es el héroe que necesitas en este momento. Reúnete con ese seguidor y pídele que comparta cómo y por qué se mantiene firme con Jesús. Pídele que te cuente su historia de cómo el mantenerse con Jesús le ha costado. Deja que te cuente lo que lleva en su corazón y que pueda animarte. A través de esta conversación, ese seguidor se convertirá en uno de tus héroes, y te inspirará a levantarte y enfrentar tu desafío para que puedas vivir heroicamente y mantenerte firme con Jesús también. Reúnete con él tan a menudo como puedas.

En segundo lugar, puedes realmente ponerte un cinturón de seguridad adicional que te ayudará a mantenerte firme. Mira a tu alrededor y encuentra a un seguidor que parezca estar a punto de abandonar a Jesús. Acércate humildemente a esa persona y pídele que se reúna contigo uno a uno. Cuando te encuentres con ellos, hazles saber que los ves; diles cuán importantes son para ti. Luego compárte un momento en que casi abandonaste debido a la adversidad que estabas enfrentando. Hazles saber las bendiciones que vinieron porque te mantuviste con Jesús. Luego deja que compartan contigo lo que necesiten. Puede que te cuenten sobre su adversidad, su desánimo y sus luchas para mantenerse firme. Puede que descubras que sus ojos te observarán después porque ahora te ven como su héroe. Estabas luchando, pero aún estás en pie, y te importó lo suficiente como para verlos y alcanzarles. En ese momento, estabas viviendo heroicamente.

Estamos rodeados de héroes de fe, y cada uno de nosotros puede ser un héroe de fe. Hay suficientes cinturones de seguridad para todos. Que ninguno de nosotros abandone cuando seguir a Jesús se ponga difícil.

¿Has Decidido Seguir a Cristo?

Hemos recorrido los cinco bloques de enseñanza en los que Jesús se centró en lo que esperaba de aquellos que decidieran seguirlo. Hemos examinado el camino al que nos ha llamado. Por supuesto, esta visión se basa solo en cinco enseñanzas que Mateo registró, y sin duda hay otros lugares en el evangelio de Mateo donde Jesús enseñó más a sus seguidores. Cuando Jesús respondió a un maestro de la ley, en Mateo 22:34-40, sobre el mayor mandamiento, no cabe duda de que sus seguidores aprendieron una lección que necesitaban escuchar.

Entender cómo seguir a Jesús requiere comprender también los otros evangelios. Cuando Juan escribió en su evangelio las enseñanzas de Jesús sobre el buen pastor y las ovejas en Juan 10, esas enseñanzas también son importantes para los seguidores de Jesús. Lucas nos ayuda a escuchar a Jesús a través de los ojos de alguien que vino después. Incluye enseñanzas que no se encuentran en los otros evangelios. Marcos nos ayuda a entender las enseñanzas de Jesús en el calor del conflicto entre el reino de Jesús y el reino del diablo. Aprendemos de todos ellos.

Nuestro propósito no es ignorar o minimizar las enseñanzas de Jesús fuera de estos cinco bloques del evangelio de Mateo. Nuestros esfuerzos están destinados a iluminar enseñanzas que pueden no haber sido comprendidas como deberían, tanto en su significado como en su importancia. Mateo fue el único escritor que registró la Gran Comisión, donde Jesús instruyó a sus discípulos a hacer discípulos bautizándolos y enseñándoles lo que Él había enseñado. Solo Mateo tiene estas enseñanzas de Jesús a sus seguidores en cinco bloques. Mateo nos proporciona un formato importante para escuchar y conocer estas enseñanzas.

¿Notaste que cuando examinamos estos bloques de enseñanza, Jesús no enseñó nada sobre la importancia de asistir a los servicios de la iglesia? Esto no quiere decir que eso sea irrelevante, sino que no estaba en el top cinco de enseñanzas de Jesús. ¿Notaste que no enseñó nada sobre el diezmo o las ofrendas? Nuevamente, esto no hace que esas prácticas sean innecesarias; evidentemente, esas enseñanzas están en otro lugar de la Escritura Santa. Sin embargo, Jesús tenía otros asuntos que consideraba importantes enseñar.

¿Notaste que en estas enseñanzas, habló más sobre el peligro y las cruces que sobre estar a salvo? ¿Notaste que sus enseñanzas te hicieron sentir más incómodo que cómodo? Habló más sobre lo que sus seguidores debían dar que sobre lo que recibirían. ¿Notaste que no solo las enseñanzas de Jesús eran contraculturales a nuestras sociedades, sino también contraculturales a muchas culturas eclesiásticas?

Como cualquier religión, el cristianismo puede caer en la trampa de hacer muy buenos discípulos de una iglesia o de un predicador, pero no muy buenos discípulos de Jesús. La naturaleza humana, unida al enemigo, Satanás, lo hace bastante simple y común. Esto nos debilita, no nos fortalece. No solo nos pone en un camino diferente al de Jesús, sino que también puede ponernos en un camino en el que vamos en contra de la cultura del reino de Jesús. Ese es un camino realmente peligroso.

En mi tiempo y cultura, noté cómo los eventos de 2020 expusieron las debilidades de muchos que afirman seguir a Jesús. Nos vimos afectados por la pandemia del virus Covid. Era una enfermedad nueva de la que estábamos aprendiendo, y debido a las noticias de muchas muertes, era un virus que temíamos enormemente. Las autoridades gubernamentales promovieron y presionaron muchas políticas que eran contraculturales al reino y a las enseñanzas de Jesús. Nos aislamos; incluso dejamos de reunirnos para tiempos de adoración. Dejamos de buscar a los perdidos. Salir a hacer buenas obras y proclamar el mensaje se detuvo en muchos lugares. Hicimos esto por obediencia a las autoridades gubernamentales, por preocupación por los demás y por miedo. Ninguno de nosotros sabe cómo nuestro Maestro juzgará o evaluará nuestra respuesta a este virus, pero al reflexionar y aprender de nuestro pasado, ¿diríamos que estábamos escuchando a Jesús mientras atravesábamos la pandemia? Específicamente, en nuestro viaje actual, ¿habríamos respondido de manera diferente si hubiéramos pasado tiempo escuchando a Jesús en estos cinco bloques de enseñanza?

En mi cultura, también fuimos golpeados por el malestar social debido a la injusticia racial. Fue como un doble golpe que expuso a las iglesias en nuestra cultura. Nuestra forma normal de resolver problemas como iglesia se había detenido por el Covid, por lo que cuando los incidentes de injusticia racial estallaron en nuestra cultura y se sumaron a la pandemia, luchamos con cómo responder. Incluso en las iglesias, había ira que se desbordaba. Los discípulos que habían estado en armonía y siendo uno en el espíritu se les dificultó trabajar por las identidades raciales debido a todas las emociones que se presentaron. Algunos discípulos estaban enojados, otros temerosos. Pocos sabían qué decir o cómo resolver lo que necesitaba ser resuelto. Hubo aquellos que habían sido conocidos como seguidores de Jesús que estaban tomando sus ideas de las redes sociales, de Internet y otras fuentes en nuestra cultura en lugar de de Jesús. ¿Habríamos respondido de manera diferente al malestar racial si hubiéramos pasado tiempo en estos cinco bloques de enseñanza?

Cuando miramos hacia atrás, podemos determinar que no respondimos muy bien a los eventos de 2020. Esa sería una evaluación bastante justa, pero nuestros fracasos no deberían sorprendernos. Satanás nos puso una carga muy grande en un corto período de tiempo. Sin embargo, ¿seremos capaces de ver que algunos de nuestros fracasos, tal vez todos, podrían haber sido evitados si estuviéramos arraigados en estos cinco bloques de enseñanzas de Jesús? No estábamos preparados para lo que vino hacia nosotros, y nuestras debilidades fueron expuestas por el diablo. ¿Lo hemos comprendido? Si no lo hacemos, fracasaremos una vez más cuando el diablo nos ataque de nuevo.

¿Cómo terminaron once de los primeros seguidores de Jesús siendo seguidores tan excepcionales? Seguramente no empezaron así. Tuvieron que aprender a buscar a Jesús y escucharlo si iban a oírlo. Crecieron para convertirse en seguidores de Jesús. Quizás experimentamos un fracaso inicial cuando no nos damos cuenta de nuestra necesidad de crecer continuamente como seguidores. Quizás nos hemos vuelto cómodos con ser solo miembros de la iglesia en buena posición porque podemos hacer eso sin necesidad de seguir creciendo. Podemos sobresalir como un pilar de la iglesia que no hace más que negarse a moverse del mismo lugar. Eso está muy lejos de caminar por el mismo camino que caminó Jesús.

Es muy fácil asumir que estamos siguiendo a Jesús cuando en realidad estamos en un camino diferente. Todas las voces que son importantes para nosotros—en nuestras familias e iglesias, amigos y asociados—pueden estar alabándonos. Luego llega alguien que realmente nos está enseñando lo que Jesús enseñó, y levantamos nuestras defensas y cerramos nuestros oídos. Esto puede sonar como si estuviéramos en un dilema sin solución, pero eso no podría estar más lejos de la verdad. Jesús no es difícil de entender. Solo tenemos que pasar tiempo con Él. Mateo nos ha dado una manera de hacer precisamente eso.

¿Notaste al pasar por estos cinco bloques de enseñanza algo que sonara diferente a lo que has estado escuchando de otros? No fue tan difícil reconocer esas enseñanzas, ¿verdad? Tus luchas vienen con elegir escuchar a Jesús o seguir con las otras voces. Nos gusta encajar en nuestra cultura y las comodidades que eso ofrece. Ese es un camino más fácil de seguir. Quizás una de nuestras primeras señales de advertencia que parpadean en nuestras mentes debería ser cuando tenemos una sensación ininterrumpida de comodidad en nuestra cultura, incluso en nuestra cultura eclesiástica.

Recuerdo un tiempo en que estaba firmemente asentado en mi comodidad con mi cultura. Estaba completamente alineado con cómo mi cultura respondía a las personas que consideraba inmigrantes ilegales. Sabía lo que creía y sabía que era correcto. Luego escuché a una hermana orar por un grupo de inmigrantes ilegales que se habían asfixiado en un camión abandonado dejado en el calor de Arizona. Ella lloró mientras oraba. Jesús usó a ese seguidor para perturbar mi comodidad. Eso me llevó a una búsqueda de un año en la Biblia para entender. También me llevó a un par de monjas que perturbaban aún más mi comodidad. Estas dos monjas estaban siendo el toque de Dios para ayudar a los inmigrantes indocumentados en detención y a ayudar a sus familias en momentos de deportación. Eso me llevó a un viaje de años de conocer a inmigrantes indocumentados, como ahora los veo. Sabía que nunca podría volver a estar cómodo con la visión de mi cultura sobre estos menos afortunados que ahora están en mi vida. Jesús me había llevado a un lugar donde podía, y donde hice, escucharlo.

En esta sola parte de mi viaje por el camino de seguir a Jesús, he descubierto que Jesús sabe cómo sacudirme y llamar mi atención cuando me desvío de seguirlo. Sabe a quién usar y qué hacer para perturbar nuestra comodidad. Sabe cómo poner su voz en nuestros oídos. Cuando Él haga eso contigo, tendrás que decidir si tienes oídos para escuchar.

Hay tantos lugares en nuestras vidas y en nuestra práctica de nuestra religión donde podemos ponernos cómodos. Seamos honestos con nosotros mismos—todos disfrutamos de la comodidad. A todos nos gusta ser apreciados. Por mucho que profesemos ser individuos, preferimos ir con el grupo la mayor parte del tiempo. Eso significa que la mayoría de las personas que conocemos no elegirán caminar el camino que caminó Jesús. Sin embargo, si no rompemos con la cultura que nos ha moldeado en gran medida, no podemos caminar ese mismo camino que Jesús, lo que significa que no lo estamos siguiendo. Seguir a Jesús es siempre estar en la minoría en cualquier cultura de este mundo.

¿Puede alguno de nosotros seguir a Jesús por este camino con éxito? Claro. Este es un camino que cualquiera puede caminar si lo elige. Nadie más que Jesús lo camina perfectamente; afortunadamente, Él está allí para ayudarnos. Cada seguidor crece mientras caminamos por este camino, siempre que permanezcamos en él. Jesús nos lo permite, y nos ayuda a crecer, tal como lo hizo con sus primeros seguidores. En Jesús, tenemos una guía, un ayudante y un compañero en el camino. No importa cuán duro, doloroso y aterrador se vuelva el camino, Él está allí. Él está especialmente allí en esos lugares en el camino. Él se queda con nosotros, y nosotros nos quedamos con Él. Ese es el camino para recorrer con éxito.

Seguir a Jesús se reduce a una elección entre dos caminos. Ahora sabes más sobre uno de esos caminos gracias a las enseñanzas de Jesús que Mateo registró. Guardalas en tu corazón y mente. Son directamente de Jesús, y estas enseñanzas no han pasado. Las necesitarás mientras sigas a Jesús por este camino difícil. Sus palabras serán, en última instancia, el cinturón de seguridad que te impedirá renunciar. Una de las canciones espirituales de mi infancia era "He Decidido Seguir a Cristo". Había algunas declaraciones grandes en esa canción que un niño no podía entender completamente, pero ayudaron a formarme en mis primeros años: "El rey de gloria me ha transformado"; "Si otros vuelven yo siempre sigo"; "no vuelvo atrás, no vuelvo atrás". Esta canción transmite poderosamente la decisión que todos tenemos que tomar. ¿Seguirás a Cristo?

Una Palabra Final

Tienes en tus manos un libro simple que, en el mejor de los casos, solo puede transmitir de manera imperfecta las enseñanzas de Jesús a todos los que deseen seguirlo. Nunca ha habido otro maestro como Jesús. Este libro, al igual que otros esfuerzos de seguidores, sirve como recordatorio de a quién necesitamos escuchar si vamos a seguirlo. Por favor, recíbelo como tal. Espero que te ayude a escuchar a Jesús.

También espero que nunca te sientas desalentado cuando veas a otro seguidor fallar en seguir a Jesús o incluso abandonarlo. Espero que nunca te rindas cuando seas testigo de que la mayoría de una iglesia sigue la cultura en lugar de a Jesús. Estas cosas ocurren con demasiada frecuencia y pueden desalentarnos, pero sólo refuerzan lo importante que es que tengamos ojos y oídos para Jesús por encima de todos los demás.

¿Crees que puedes caminar por este camino con éxito?. No de manera perfecta, pero sí exitosamente. Ofrece gracia y aliento a aquellos que encuentres que están luchando, y recibe gracia y aliento de los demás, especialmente de Jesús, cuando tú estés luchando. Mantente firme con Jesús hasta el final de tu camino. Jesús te ayudará a tener éxito.

A medida que proclames el mensaje que Jesús ha dado a todos sus seguidores, sus enseñanzas, nunca te sientas avergonzado o te disculpes por las enseñanzas difíciles que deben escuchar de ti. Las enseñanzas de Jesús echarán raíces en los corazones que lo escuchan y producirán una cosecha que ninguna persona podría prever. Aquellos que tienen oídos para escuchar a Jesús no se desalentarán por sus enseñanzas difíciles; en cambio, se enfrentarán al desafío.

He compartido contigo estos cinco bloques de enseñanzas de Jesús en el evangelio de Mateo. Ojalá pudiera decirte que entendí su importancia mucho antes de lo que lo hice. Creo que no tienes que fallar donde yo lo hice. Transmite lo que has aprendido. Si has aprendido algo a través de mí en este libro, no me escuchaste a mí—escuchaste a Jesús. Mateo pasó estas enseñanzas a sus lectores, de los cuales yo soy solo uno. Yo te estoy transmitiendo las enseñanzas a ti. Que seas bendecido por transmitirlas a otros seguidores.

Ke Russo

Iniciemos una Ola Oremos por una Ola

El mundo en el que vivimos está roto. Vemos a nuestro alrededor el poder y la influencia del diablo. Tú lo ves y lo sientes. La buena noticia es que la Buena Noticia es la cura para una cultura en espiral descendente y un mundo roto. Imagina una ola para el reino que barre por todas partes, trayendo un avivamiento espiritual. Oremos para que Dios traiga una ola así en nuestros tiempos. Quizás Dios utiliza cualquier ondulación que su pueblo inicie para provocar tal ola. Visita

www.StartaripplePrayforawave.com

para explorar esta oportunidad.

Cree que Dios trabajará a través de ti y de las ondulaciones que inicies. Si deseas usar este libro como una herramienta para comenzar cualquier cantidad de ondulaciones, aquí tienes algunas ideas:

• Considera a las personas con las que estás conectado y que necesitan escuchar estas enseñanzas de Jesús para que puedan seguirle. Regálales un libro y hablen sobre cómo pueden animarse mutuamente a caminar por el camino que Jesús les llama a seguir.

• Si estás conectado a una iglesia, habla con los líderes sobre tener clases o estudios que lleven a los discípulos a través de estas enseñanzas.

• Contacta a tus amigos en redes sociales y anímalos a obtener un libro y leer sobre estas enseñanzas de Jesús. Comparte con ellos cualquier verdad que te haya impactado.

• Anima a otros a consultar el sitio web para obtener más información.

- Pide al Espíritu de Dios que te muestre dónde y cómo comenzar otras ondulaciones.

- Ora para que las ondulaciones comiencen en todas partes y para que esas ondulaciones se conviertan en una ola.

Estás llamado a ser una luz para que las personas puedan ver a Dios a través de ti. Puedes usar este libro y otras herramientas en este sitio web para ser esa luz. El reino de los cielos no está limitado por el alcance de un libro o un sitio web; sin embargo, puedes determinar que estas herramientas pueden usarse para ayudar a expandir el reino. Los seguidores de Jesús no tienen que aceptar la ruptura del mundo o la espiral descendente de la sociedad. Tenemos el poder de Dios del que podemos beber. Si Dios me ha usado para ayudarte a asumir plenamente tu llamado como seguidor de Jesús, entonces es un honor asociarme contigo.

¡Que Dios bendiga cada ondulación y envíe una ola!

www.StartaripplePrayforawave.com

www.ingramcontent.com/pod-product-compliance
Lightning Source LLC
Chambersburg PA
CBHW071733120626
46550CB00002B/503